平成美容開花

平成から令和へ、美容の軌跡30年

JN063250

ポーラ文化研究所

ポーラ文化研究所では昭和51年の創設以来、化粧をひとつの文化としてとらえ、化粧道具や化粧品、文献などの資料収集や化粧に関する意識調査などの研究活動を行っています。化粧の変遷については、古代から昭和までの化粧文化史として『化粧史文献資料年表』（昭和54年）、『近・現代化粧文化史年表』（平成28年）を刊行しています。

「美容」を行ってきた人々が、平成30年間を通じてこだわったこと、熱中したことは何だったのか、その背景にある思いは…。平成30年の時代と人と美容に思いをはせて、『平成美容開花』をまとめました。さまざまなビューティーが登場し、発展したり姿を消したりする様子は、百花繚乱の花園のようです。花々はそれぞれに美しく咲き誇り、種子はまた次代の美をつくっていく…。

化粧や美容に興味のあるすべての人にこの本を手に取り、楽しんでいただければと思います。『平成美容開花』が化粧のもつ社会性や豊かな文化への気づきとなれば幸いです。

株式会社ポーラ・オルビスホールディングス
ポーラ文化研究所

Contents

新時代への期待とふくらむ社会不安

◆ベルリンの壁崩壊

米ソ両首脳が冷戦終結宣言

◆昭和天皇崩御、
元号が平成に

写真：毎日新聞社／アフロ

◆バブル景気

◆消費税スタート（3%）

日経平均株価最高値38,957円

◆礼宮さま、
川嶋紀子さんと婚約

◆坂本弁護士一家殺人事件

◆短大・大学合計の
進学率、男性を女性が上回る

◆合計特殊出生率
1.57ショック

◆東西ドイツ統一

◆天皇陛下の
即位の礼と大嘗祭

◆大学入試センター試験
開始

◆『Hanako』
（マガジンハウス）から
ティラミス大ブームに

◆スーパーファミコン大ヒット

◆カラオケボックスが激増

◆BSチューナー内蔵テレビ

◆ノート型パソコン

◆ソ連崩壊

◆湾岸戦争勃発と終焉

米ソ相次いで核軍縮発表

◆緒方貞子、
国連難民高等弁務官に就任

◆バブル崩壊

証券、金融不祥事、
クレジット破産増加

◆雲仙普賢岳で火砕流

◆米国クリントン大統領就任

◆育児休業法施行
（男女問わず休業認める）

◆日本人宇宙飛行士、
毛利衛宇宙へ

◆ハウステンボス開業

◆リサイクル人気

◆女子高生に
ポケベル大人気

◆皇太子さま、
雅子さま
ご結婚

◆自民党政権
崩壊、細川連立
内閣発足

土井たか子、女性初の
衆議院議長に就任

◆ゼネコン汚職が地方に拡大

◆中学校家庭科男女共修に

◆パートタイム
労働法施行

◆円高が進み、1ドル
100円割れ寸前に

◆デニーズから
「ナタデココ」発売
ブームに

H1 1989
H2 1990
H3 1991
H4 1992
H5 1993

◆任天堂ゲームボーイ
大ヒット

◆東急Bunkamura、
横浜アリーナ、
横浜ベイブリッジ、
幕張メッセ、SHIBUYA109
開業

◆海外旅行・留学ブーム

◆伊藤みどり、世界フィギュア
スケート選手権で初優勝

◆大関小錦、外国人力士
として17年ぶり優勝

◆橋本聖子、世界スピードスケート
選手権で日本初のメダル

おどるポンポコリン
B.B.クィーンズ
©S.P/N.A

◆日本人の海外旅行者
1000万人突破

◆トレンディードラマ全盛
「東京ラブストーリー」など

◆ジュリアナ東京オープン
（～平成6年）

◆大相撲・若貴ブームと
千代の富士引退

◆日本プロサッカー
10チーム決定

◆マツダがル・マン初優勝、
F1ブーム

◆バルセロナ五輪

岩崎恭子、水泳で金

◆貴花田、史上最年少19歳
で初優勝

◆サッカーアジア杯で
日本初優勝

◆プライベートブランド商品など
低価格指向が強まる

◆ガーデニング、
4WD車大人気

◆Jリーグ開幕

サッカーW杯予選で
「ドーハの悲劇」

◆貴花田、若花田、
初の兄弟同時大関へ

◆浅利純子、世界陸上
女子マラソンで
日本初の金

◆田村亮子、世界柔道
選手権で初優勝

流行語	3K（きつい、汚い、危険） 24時間戦えますか セクシャルハラスメント	ファジー アッシー君 オヤジギャル	損失補填 じゃあ～りませんか 地球にやさしい	もつ鍋　冬彦さん きんさん・ぎんさん ほめ殺し	サポーター 規制緩和 清貧
音楽	◆Diamonds プリンセス プリンセス ◆淋しい熱帯魚 Wink	◆おどるポンポコリン B.B.クィーンズ ◆浪漫飛行 米米CLUB	◆愛は勝つ KAN ◆ラブ・ストーリーは突然に 小田和正	◆涙のキッス サザンオールスターズ ◆君がいるだけで 米米CLUB	◆負けないで ZARD ◆ロード THE虎舞竜
映画	◆インディ・ジョーンズ 最後の聖戦 ◆レインマン	◆ゴースト ニューヨークの幻 ◆バック・トゥ・ザ・フューチャー2	◆羊たちの沈黙 ◆プリティ・ウーマン	◆氷の微笑 ◆紅の豚 ◆美女と野獣	◆ボディガード ◆シンドラーのリスト

新しい元号への期待と共にはじまった平成。バブル景気は絶頂期を迎え、若者や団塊世代は享楽的なエネルギーのなか
旺盛な消費を満喫していたが、平成3年3月バブル崩壊を機に様相は一変。一気にデフレがはじまり、就職氷河期に。
阪神淡路大震災やオウム真理教事件などの衝撃的な事件が続いたことで、日本の安全神話は崩れ、
社会不安が拡大した10年。日本経済が停滞するなかで、10代後半となった団塊ジュニアが消費の担い手として登場。
ポケベル、デジカメ、PHSといった「デジタル」をキーワードに、モノからコトの「体験型」消費を楽しんでいく。

◆南アフリカでネルソン・
　マンデラ大統領が誕生
◆リレハンメル五輪開催
◆価格破壊、企業の
　リストラが進む
◆内閣府に
　男女共同参画審議会
◆松本サリン事件発生
◆高校家庭科男女共修に

◆向井千秋
日本人女性初の
宇宙飛行士に

◆阪神・淡路大震災

◆地下鉄サリン事件
◆改正育児・介護
休業法施行

少子化を食い止めるための子
育て支援施策、通称「エンゼル
プラン」
◆タレント知事
　（東京・青島幸男、大阪・横山ノック）
◆公定歩合、
　史上最低の0.5%に
◆4月1ドル79円75銭で最高値

◆ヨーロッパで
　狂牛病パニック
◆薬害エイズ、
　政府が責任認める
◆病原性大腸菌O157による
　食中毒
◆スターバックス日本上陸
◆バンダイ「たまごっち」
　発売

◆英国の香港統治が幕を閉じ、
　中国返還へ

◆ダイアナ
元皇太子妃が
交通事故死

◆介護保険法成立
　（2000年施行）
◆消費税5%に引き上げ
◆北海道拓殖銀行、
　山一証券、三洋証券など
　金融機関の破綻が相次ぐ
◆化粧品、医薬品の
　再販制度撤廃
◆駅ビルの商業施設化
　「恵比寿アトレ」オープン
◆トヨタ「プリウス」発売
◆ベルギーワッフル人気

◆ユーロ参加11か国が決定

◆小渕内閣誕生

金融ビッグバン始動
◆完全失業率急増
◆NPO法施行

◆自殺者急増、年間3万人超

◆100円ショップ

写真：読売新聞／アフロ

◆ユニクロ、フリース大ヒット

H6 1994	H7 1995	H8 1996	H9 1997	H10 1998

◆アップル「iMac」発売
◆Google創業
◆クックパッド開始
◆肌、髪の色を加工するプリクラ登場
◆高橋尚子、アジア大会女子
　マラソン優勝
◆若乃花連覇で
　史上初の兄弟横綱誕生

◆女性の四大進学率
20%超え

◆高齢社会へ（14%超）
◆NIFTY-Serveなど
　インターネット
　接続サービス開始
◆カーナビ、横長テレビ
◆イチロー、
　シーズン200本安打達成

◆PHSサービス開始

◆プレイステーション、
　通信カラオケ、
　海外通販人気
◆マイクロソフト
　「Windows95」発売
◆初のプリクラ機
　「プリント倶楽部」
◆伊達公子、全仏オープンで
　日本女子初のベスト4、
　世界ランク4位
◆野茂英雄
　米大リーグで活躍
◆イチロー現象

◆Yahoo!JAPAN
　サービス開始

◆アトランタ五輪

柔道田村亮子銀
マラソン有森裕子銀

◆伊達公子、
ウィンブルドンで
ベスト4

◆野茂英雄
　ノーヒットノーラン

◆高画質デジカメ、
ポータブルMD
プレーヤー人気

◆世界陸上
女子マラソンで
鈴木博美が優勝

たまごっち

Automatic
宇多田ヒカル
©ユニバーサル ミュージック

価格破壊	ライフライン	自分で自分をほめたい	たまごっち	ヤマンバギャル（ガングロ）
同情するならカネをくれ	安全神話の（崩壊）	アムラー	ポケモン	モラル・ハザード
就職氷河期	官官接待	メークドラマ	パパラッチ	老人力

◆ロマンスの神様
　広瀬香美
◆innocent world
　Mr.Children

◆LOVE LOVE LOVE
　DREAMS COME TRUE
◆Overnight Sensation
　trf

◆Don't wanna cry
　安室奈美恵
◆アジアの純真
　PUFFY

◆CAN YOU CELEBRATE?
　安室奈美恵
◆PRIDE
　今井美樹

◆夜空ノムコウ
　SMAP
◆Automatic
　宇多田ヒカル

◆フォレスト・ガンプ/一期一会
◆ライオン・キング

◆マディソン郡の橋
◆アポロ13

◆ミッション:インポッシブル
◆Shall We ダンス?

◆タイタニック
◆もののけ姫
◆失楽園

◆恋におちたシェイクスピア
◆踊る大捜査線 THE MOVIE

政治、金融混乱とデジタル本格始動

◆**アメリカで9.11 同時多発テロ**
- ◆米英アフガン報復攻撃
- ◆京都議定書発効へ

- ◆日朝首脳会談、拉致被害者5人帰国
- ◆いざなみ景気
- ◆住民基本台帳ネットワーク稼働

- ◆新型肺炎SARSが猛威
- ◆北海道十勝沖地震
- ◆個人情報関連法が成立
- ◆日本郵政公社発足

◆**健康増進法施行**

◆**環境省「紫外線保健指導マニュアル」作成**

- ◆EUで単一通貨「ユーロ」導入
- ◆ITバブル
- ◆NTT分割
- ◆男女共同参画社会基本法施行

◆**改正男女雇用機会均等法施行**

- ◆コンビニでサプリ、コスメ取り扱い開始、ATM設置

◆**平成不況、ITバブル**

株価は上昇するも企業のリストラが続き、就職難に
- ◆2000円札発行
- ◆年金制度改正（支給年齢段階的に65歳に引き上げ）
- ◆女性四大進学率30%超に

◆**小泉内閣発足**

「聖域なき構造改革」「改革の痛み」「骨太の方針」などの言葉を生む
- ◆敬宮愛子内親王ご誕生
- ◆女性大臣5人誕生
- ◆BSE感染牛が国内ではじめて発見
- ◆JR東日本「Suica」導入

◆**ゆとり教育、公立小中学校完全週5日制**

- ◆ノーベル賞、初のダブル受賞、小柴昌俊、田中耕一
- ◆牛肉偽装事件、食品不正表示が横行
- ◆「着うた」サービス開始

photoAC

- ◆非正規雇用者割合3割超に

◆**新業態「駅ナカ」登場**

H11
1999

- ◆@cosmeスタート

◆**携帯電話「i-mode」**

パソコンがなくてもインターネットにつながる

H12
2000

- ◆デパ地下ブーム
- ◆セブン-イレブン・ジャパンが小売り売上高首位に
- ◆シドニー五輪で女性選手活躍 高橋尚子、谷亮子

H13
2001

- ◆Wikipediaスタート
- ◆NTTドコモ「FOMA」開始
- ◆アップル初代「iPod」発売

H14
2002

H15
2003

千と千尋の神隠し
©2001 Studio Ghibli・NDDTM

◆**ソルトレークシティ五輪**
◆**日韓共同開催サッカーW杯**

- ◆女子レスリング世界大会で吉田沙保里、伊調馨初優勝

- ◆福原愛、世界卓球女子で8強に
- ◆宮里藍、初の高校生プロゴルファーに

流行語	カリスマ店員 カリスマ美容師 リベンジ　西暦2000年問題	IT革命 ジコチュー 最高で金、最低でも金	米百俵 抵抗勢力 ファイナルアンサー	タマちゃん プチ整形　ルンバ 声に出して読みたい日本語	冬ソナ　セレブ マニフェスト オレオレ詐欺
音楽	◆LOVEマシーン 　モーニング娘。 ◆First Love 　宇多田ヒカル	◆TSUNAMI 　サザンオールスターズ ◆桜坂 　福山雅治	◆Dearest 　浜崎あゆみ ◆アゲハ蝶 　ポルノグラフティ	◆ワダツミの木 　元ちとせ ◆STARS 　中島美嘉	◆世界に一つだけの花 　SMAP ◆さくら 　森山直太朗
映画	◆スター・ウォーズ エピソード1/ 　ファントム・メナス ◆マトリックス	◆ミッション:インポッシブル-2 ◆グリーンマイル	◆ビューティフルマインド ◆千と千尋の神隠し	◆シカゴ ◆ハリー・ポッターと賢者の石 ◆ロード・オブ・ザ・リング	◆パイレーツ・オブ・カリビアン ◆たそがれ清兵衛

EU統一による通貨ユーロ導入、9.11同時多発テロ、イラク戦争と国際社会が大きく動き、平成20年のリーマンショックで世界の価値観は崩壊した。国内では規制緩和で雇用は拡大するも非正規が増え、男女雇用機会均等法施行の一方で平成不況、就職氷河期、と女性が活躍するには順風とはいえなかった10年。それでも消費やコミュニケーションにおいては、新業態「駅ナカ」誕生、コンビニでの取り扱いアイテムの拡大、SNSの拡大と、美容はより身近なものとなり、情報拡散のインフラも整っていった。

◆EU25か国に拡大

◆新紙幣発行

1万円札 福澤諭吉、
5千円札 樋口一葉、
千円札 野口英世

**◆衆院選で
自民党圧勝、
小泉劇場**

郵政民営化
関連法成立

◆米サブプライム問題で
金融混乱

◆地球温暖化への
危機感が高まりゴア氏に
ノーベル平和賞

◆改正男女雇用機会均等法
（性差別禁止の拡大）

◆「消えた年金」問題で
社保庁に怒り沸騰

◆第2の就職氷河期

◆各地で食品偽装
発覚相次ぐ

◆リーマンショック

9月15日米投資銀行リーマン・ブラザーズが経営破綻したことから金融危機が連鎖的に拡大、世界恐慌に

◆日経平均株価、バブル崩壊後最安値6,994円90銭に

◆日本人4人にノーベル賞

**◆超高齢社会に向け、
健康増進・
保健指導に加速**

4月「メタボ検診」開始。受診率や保健指導実施率などにより「後期高齢者医療制度」への保険組合や自治体の財政負担が増減される

◆国民年金未納問題
◆改正DV防止法施行
◆新潟中越地震
◆台風史上最多の10個上陸
◆79年ぶりに国内で
鳥インフルエンザ

◆個人情報保護法の全国施行
◆東証出来高バブル時を
上回る
◆マンション耐震強度
偽装事件発覚
◆野口聡一、
スペースシャトルで宇宙へ
◆合計特殊出生率1.26で
最低を記録

◆第1次安倍内閣発足
◆ライブドア事件
◆日本郵政（株）発足
◆秋篠宮家に悠仁さまご誕生

◆高齢化率世界最高に（21%）
◆女性の大学短大進学率
50%超え

◆超高齢社会へ
（高齢化率21%超）
◆団塊世代が60歳に

H16
2004

H17
2005

H18
2006

H19
2007

H20
2008

◆コンビニで
医薬部外品取り扱い開始

◆mixi運営開始

◆携帯電話
パケット定額制が普及

**◆アテネ五輪、
日本選手活躍**

メダル37個
野口みずき、吉田沙保里、
伊調馨、谷亮子、室伏広治、
北島康介ら金

◆荒川静香、
世界フィギュアで金

**◆改札内「駅ナカ」
エキュート登場**

◆YouTubeサービス開始
◆おサイフケータイ

◆浅田真央、フィギュア
GPファイナルで初優勝
◆宮里藍、日本女子OPで
最年少優勝

◆ワンセグ、「ニコニコ動画」
サービス開始

**◆トリノ
五輪**

荒川静香、金

◆ICカード乗車券
相互運用開始
◆mixi流行

◆日本人の人口ピーク1億2808万人

◆コンビニの売上高が
デパートを抜く

**H&M銀座店、
原宿店オープン**

GAP、UNIQLO、ZARAなど
ファストファッション市場過熱

◆日本のiPhone元年（3G）
◆Facebook、Twitter
日本版開始
◆@cosme会員
100万人超

◆北京五輪

吉田沙保里・伊調馨、
女子ソフト、
北島康介ら金

◆浅田真央、
世界フィギュア
スケート選手権で
初優勝

セカチュー	アラサー	脳トレ 格差社会	鈍感力 どんだけ～	ゲリラ豪雨
サプライズ	想定内 クールビズ	エロかっこいい	ハニカミ王子	アラフォー 後期高齢者
チョー気持ちいい	ちょいモテオヤジ	メタボリックシンドローム	ビリーズブートキャンプ	モンスターペアレント

◆Jupiter
平原綾香

◆瞳をとじて
平井堅

◆Butterfly 倖田來未
◆Eventful 鈴木亜美
◆桜 コブクロ

◆Winter Love
BoA

◆ボクノート
スキマスイッチ

◆千の風になって
秋川雅史

◆時の描片～トキノカケラ～
EXILE

◆truth、One Love
嵐

◆そばにいるね
青山テルマ feat.SoulJa

◆ラストサムライ
◆世界の中心で、愛をさけぶ

◆ハリー・ポッターと炎のゴブレット
◆スター・ウォーズエピソード3/
シスの復讐

◆ダ・ヴィンチ・コード
◆THE有頂天ホテル

◆HERO
◆武士の一分

◆インディ・ジョーンズ
クリスタル・スカルの王国
◆崖の上のポニョ

平成21≫30年

2009····2018

「垣根」のない持続可能な社会へ

◆オバマ米大統領
ノーベル平和賞
受賞

◆世界人口70億人突破

◆東日本大震災、
福島第一原発事故

◆第2次安倍内閣発足

◆山中伸弥、
ノーベル生理学・
医学賞

◆参院選自民党圧勝、
アベノミクス景気
（株価上昇、円安加速）

TPP参加表明、東京五輪開催
決定、特定秘密保護法案可決、
厚生年金支給年齢引き上げ、
インターネット選挙運動解禁

◆世界同時不況、電機、
自動車など巨額の
赤字に

◆改正育児介護休業
法施行（父親の育児
休業取得促進）

◆猛暑・ゲリラ豪雨など
異常気象相次ぐ

◆美白医薬部外品成分
ロドデノール白斑問題

政府がデフレ宣言、
日航の経営危機表面化
年越し派遣村、内定取り消しなど、
企業の雇用問題が注目を集める

厚労省イクメンプロジェクト、
子ども手当

◆脱ゆとり教育

◆富士山がユネスコ世界
文化遺産に、和食が
無形文化遺産に登録

H21 2009	H22 2010	H23 2011	H24 2012	H25 2013

◆新型インフルエンザ、
WHOがパンデミック宣言

◆宮崎県で口蹄疫拡大
◆単身世帯の半数が
50代以上に

◆第一子出産平均年齢が
30歳超に

◆15-64歳人口が8000万人
を下回る
◆スマホ個人保有率2割超

◆男性の平均寿命80歳超えに
◆メルカリサービス開始

◆就職氷河期、
有効求人倍率が史上最低

◆生涯未婚率男性20%、
女性10%超に

◆通販売上高が5兆円突破

◆LINEリリース、
Google＋日本上陸

◆LCC（格安航空会社）
2社就航

◆iPhone&Twitter、
相乗効果で若年層に普及

◆iPad発売開始
Instagramスタート
◆宮里藍、日本選手初の
世界ランク1位

◆テレビ地上波、
デジタル放送に完全移行

◆フィギュアスケート
GPファイナルで羽生結弦、
浅田真央が優勝

◆なでしこJAPAN優勝
（国民栄誉賞）

◆ロンドン五輪

吉田沙保里、伊調馨、松本薫、
内村航平ら金

◆高梨沙羅
スキージャンプW杯で優勝
◆世界女子ソフトボール
選手権で日本が
42年ぶりに優勝

恋するフォーチュンクッキー
AKB48
©You, Be Cool!／KING RECORDS

流行語	事業仕分け 派遣切り 草食男子 肉食女子 ファストファッション	～なう どや顔 女子会 食べるラー油	3.11 スマホ 妊活	LCC 終活 爆弾低気圧	じぇじぇじぇ 倍返し 今でしょ！
音楽	◆愛のままで… 秋元順子 ◆Butterfly 木村カエラ	◆ヘビーローテーション AKB48 ◆ありがとう いきものがかり	◆フライングゲット AKB48 ◆Lotus 嵐	◆真夏のSounds good! AKB48 ◆ワイルドアットハート 嵐	◆恋するフォーチュンクッキー AKB48 ◆にんじゃりばんばん きゃりーぱみゅぱみゅ
映画	◆マイケル・ジャクソン （THIS IS IT） ◆おくりびと	◆英国王のスピーチ ◆アバター	◆コクリコ坂から ◆ステキな金縛り	◆レ・ミゼラブル ◆テルマエ・ロマエ	◆風立ちぬ ◆モンスターズ・ユニバーシティ

リーマンショック、世界的な金融危機、国内では政権交代ではじまった最後の10年。また新型インフルエンザ、
口蹄疫で社会不安がふくらんだ。平成23年3月11日には東日本大震災を経験。経済的にも社会的にも深刻な被害を生み、
環境に対する意識や倫理観が大きく変容。平成末頃「サスティナブル」「エシカル」という言葉が浸透していった。
また、スマホとSNSが幅広い世代に普及。テクノロジーの進歩による情報の低コスト化が進み、生活インフラとして定着。
昭和から続いた「モノ消費」が終焉を迎え、「所有しない消費」への転換が進んだ10年だった。

◆消費税8%に
◆広島豪雨で土砂崩れ
　74人死亡
◆御嶽山7年ぶりの噴火で
　57人死亡
◆富岡製糸場
　世界文化遺産に登録

◆日経平均15年ぶりに
　2万円台回復
◆マイナンバー制度スタート
◆選挙権年齢2016年から18歳に
◆日本年金機構から
　個人情報大量流出
◆最高裁夫婦同姓
　判決に合憲判断示す

◆ダッカで銃撃事件、
　日本人7人死亡

◆伊勢志摩サミット
◆オバマ大統領広島訪問

✦小池百合子、
　女性初の
　東京都知事に

◆女性活躍推進法
◆天皇陛下「生前退位」の
　ビデオメッセージ

◆米国トランプ大統領就任、
　来日

✦アメリカから
　#MeToo運動

◆高齢者の定義
　75歳以上へ
　見直しを提言
◆中学生棋士
　藤井聡太四段29連勝

◆#MeToo運動、世界に広がる

survivors' march
Photo by Getty Images

◆西日本豪雨、北海道地震
◆スポーツ界、パワハラ、
　体罰訴えなど相次ぐ

写真：毎日新聞社／アフロ

to REIWA

H26 2014　　**H27** 2015　　**H28** 2016　　**H29** 2017　　**H30** 2018

◆フリーター1000万人超
◆平均世帯人員2.5人を
　下回る

✦渋谷区が
　同性カップルに
　パートナーシップ
　証明書

◆インバウンド消費、
　年間2000万人見込み

◆Instagram流行
◆Apple Watch発売
◆定額制音楽配信普及

◆ラグビーワールドカップで、
　日本が南アフリカに
　逆転勝利
◆世界体操で日本男子団体
　37年ぶりに金
◆吉田沙保里、
　世界女子レスリング選手権で
　V16

◆女性の高齢化率30%超に
◆出生率100万人割れ、
　総人口戦後初の減少

◆スマホ個人保有率5割超
◆囲碁AIがプロ棋士に勝利
◆InstagramにStories機能

✦リオ五輪
伊調馨4連覇、
男子体操総合など金12個

◆スマホ個人保有率6割超

©Japan Gymnastics Association

◆小平奈緒、
　世界距離別
　スピードスケート
　選手権で金

◆スマホ個人保有率
　70歳代でも5割超に

◆仮想通貨流出事件
✦フェアリー ジャパン
　POLA、
　新体操W杯2018
　ソフィア団体種目別、
　ボール&ロープで優勝

◆安室奈美恵引退

◆大坂なおみ、日本人初の
　グランドスラム優勝
◆カーリング女子初メダル
◆大谷翔平大リーグで新人王
◆池江璃花子、
　競泳アジア大会で金6つ

✦ソチ五輪
羽生結弦日本男子初の金、
男子ジャンプ、
41歳葛西紀明、銀

✦平昌五輪で
　羽生結弦、
　小平奈緒ら金

ありのままで
壁ドン　マタハラ
ダメ～ダメダメ

爆買い
一億総活躍社会
五郎丸

ポケモンGO
トランプ現象
保育園落ちた日本死ね

忖度　35億
インスタ映え
ワンオペ育児

そだねー
奈良判定
ボーっと生きてんじゃねーよ!

◆レット・イット・ゴー～ありのままで～
　松たか子
◆GUTS!
　嵐

◆Dragon Night
　SEKAI NO OWARI
◆R.Y.U.S.E.I
　三代目J Soul Brothers
　from EXILE TRIBE

◆PPAP
　ピコ太郎
◆恋
　星野源

◆不協和音
　欅坂46
◆TT
　TWICE

◆Lemon
　米津玄師
◆U.S.A.
　DA PUMP

◆アナと雪の女王
◆アメイジング・スパイダーマンⅡ

◆アベンジャーズ／
　エイジ・オブ・ウルトロン
◆ジュラシックワールド

◆君の名は。
◆ズートピア

◆ラ・ラ・ランド
◆パイレーツ・オブ・カリビアン
　/最後の海賊

◆ボヘミアン・ラプソディ
◆カメラを止めるな!
◆万引き家族

H1 ≫ 10

1989···1998

ビューティー繚乱のつぼみ

美容が大好きな人たちが
ホテルでパーティを楽しんでいます。
みんなキラキラ、パワフル！
ビューティー、カルチャーのトレンドが盛りだくさん。
誰の言葉かな？見つけてみて！

アッシーくん
待たせてるけど、
まつ毛カーラーで
くるりんっ♪

朝シャン
しないと1日が
はじまらない！

アフターファイブは合コン！
青みピンクのリップで
バッチグー！

前髪も**イカス！**
私はディスコ！

プリ帳忘れた！
チョベリバ〜

腕も脚も
ぴっかぴか！

このプリクラ
超カワイイ→！！
イケてる！！

昨日の
月9のドラマ
見た？

114106…
「愛してる」だって♡

おしゃれのお手本は
リセエンヌ！

パラパラ踊りにクラブ行こ！…あれ！？
あそこにいるの、スーパーモデル！？

CHEERS!

STAFF

1989
- ・消費税3%導入
- ・モントリオール議定書の発効により、フロンガス使用規制
- ・リンスインシャンプーシェア20%に

アペックス・アイ（ポーラ/S）、薬用ビューネ（日本メナード化粧品/S）、ソフトインワン（ライオン/H）、スーパーマイルド（資生堂/H）、ばら園（資生堂/H）

1990
- ・朝シャンブーム継続
- ・第1次ヘアカラーブーム

ホワイテス（資生堂/S）、UVホワイト（資生堂/M）

1991
- ・バブル崩壊
- ・ジュリアナメーク、ワンレングス流行

フェアクレア（カネボウ化粧品/M）、テスティモ（カネボウ化粧品/M）、パンテーン（P&G/H）

1992
- ・この頃、細眉メーク流行

アネッサ（資生堂/M、B）

1993
バイタル リンクルリフトエッセンス（資生堂/S）

1994
- ・この頃、落ちない口紅、塩配合のボディケア、敏感肌コスメなど高機能コスメの発売相次ぐ

デイ・アン・デイ ブラッサ（ポーラ/S）、ヴィセ（コーセー/M）、グランディーヌ（コーセー/M）、オプチューン（資生堂/S、M）

1995
- ・阪神・淡路大震災
- ・この頃、スリミングブーム
- ・「茶髪」が定着

オールリフト（ポーラ/S）、ソフィーナ薬用ホワイトニング（花王/S）、スヴェルト（パルファン・クリスチャン・ディオール・ジャポン/B）

1996
- ・ユーキャン新語・流行語に「アムラー」
- ・この頃、安室奈美恵のファッション、メークに注目集まる
- ・美白歯磨ブーム

トワニー（カネボウ化粧品/S）、マシェリ（資生堂/H）

1997
- ・消費税5%に引き上げ
- ・おしゃれ染め浸透、ヘアカラー市場拡大
- ・この頃、小顔ブーム

エクサージュ（アルビオン/S）、dプログラム（資生堂/S）、RMK（エキップ/M）

1998
- ・シート化粧品拡大、男性にも浸透
- ・この頃から、ネイルアート流行
- ・『VOCE』創刊（講談社）

ホワイトショット（ポーラ/S）、リフト マンスール（クラランス/B）

※社名は現在の表記
※スキンケア：S、メーク：M、ヘアケア：H、
　ボディケア：B、ネイルケア：N

ビューティー繚乱のつぼみ

昭和61年の男女雇用機会均等法の施行を受けて、社会の第一線で活躍する女性も次第に増加したが、総合職と一般職などの採用体系もあり、すぐに男女差がなくなったわけではなかった。しかし折からのバブル景気もあって、仕事にレジャーに女性がおしゃれをして出かける場は昭和時代と比べて確実に増えていった。テレビや雑誌などのマスメディアを主な情報源に、女性たちはビューティーへの関心を増大させていく。

W浅野　浅野温子、浅野ゆう子

都会で繰りひろげられる男女の恋の駆け引きを描いたトレンディードラマ。ネットもスマホもなかった時代、テレビ（のブラウン管！）から届けられる、現実離れしたマンションやカフェなどのおしゃれな場、そしてヒロインたちの自由奔放な言動が新鮮だった。憧れのヒロインたちのメークやヘアスタイルのキーワードは、「アダルト」「大人め」「上品」「華やか」。肩パッドの入ったスーツや大胆な柄のワンピースにふさわしい意志の強さを表現していた。

写真提供：フジテレビ

ジュリアナ東京

昭和の終わりから平成のはじめ、都市部に次々とオープンした巨大ディスコ。ワンレン、トサカ前髪やソバージュヘア、ミニのボディコンで着飾ったギャルが、フロアから一段高くなったステージ「お立ち台」でその派手なスタイルやダンスを披露。女性雑誌ではディスコでのX'masパーティーのための華やかなヘアアレンジや、お立ち台で脚を美しく見せるためのケア法を紹介。ディスコははりきっておしゃれをして出かける「トレンディーな空間」だった。

アムラー

タイトなマイクロミニに厚底ブーツ、小麦色の肌の小さな顔にはパール感のあるアイメークと極細の眉。平成一ケタ半ば頃から、渋谷などを中心に歌手の安室奈美恵をまねた若い女性が街をかっ歩するようになり「アムラー」と呼ばれ、社会現象に。その後台頭するガングロやギャル文化にも大きな影響を与えた。

Photo by Kyodo News / Getty Images

平成1〜10年の **Beauty Trend**

Beauty words

平成を通じたビューティーワード「小顔」が登場。平成10年頃からはじまる「デカ目」ブームの兆しとなる「ぱっちり目」の登場にも注目！

小顔	ぱっちり目
つるすべ	ナチュラル
上品	健康
ゆで玉子肌	陶器肌

《 時代のミューズたち 》

写真：読売新聞／アフロ

鈴木保奈美　　山口智子

トレンディードラマで活躍する女優のメークやヘアの印象は、「親近感」「安心感」「なごみ」。ドラマで演じる、自分らしくありたいと主張する女性像に共感が集まった。

ヘア

平成のはじめは、ストレートやソバージュのワンレングスのロングヘア。前髪とサイドは立ち上げる。とくに前髪はカーラーの2個使いで、上向きと額にかかる下向きのカールづくりが必須。一方、茶髪のロングヘアにシャギーを入れた動きのある髪型もギャルの定番に。

メーク

平成初期のOLたちは、大人っぽいきちんとしたメークが信条で、ファンデーションや口紅をきちんと塗っていた。日ヤケ肌は夏の定番トレンド。平成8年頃からは「テラコッタ肌」「ブロンズ肌」などと小麦肌の表現も進化した。日ヤケ肌に合うポイントメークとして、パールメークが流行。同じ頃、「小顔」がブームに。

ファッション

ボディコンシャス（ボディコン）なワンピースやミニスカートなど、身体のラインを強調するファッションのために、ダイエットやシェイプアップに積極的に取り組む。スリミングコスメにも日本上陸前から注目が集まった。平成一ケタ後半は、「コギャル」ファッションが流行。

塗って引き締める スリミングコスメ登場

平成7年、スヴェルト（パルファン・クリスチャン・ディオール）の日本発売時には「いよいよ日本上陸！」「スレンダー革命」と、雑誌で大きく取り上げられ空前の大ヒットに。スリミングコスメは、「マッサージしなくても引き締まる実感」も話題になり、平成はじめ頃の海外土産の定番品に。スリミングはボディケアの重要な分野となっていった。

ふきとる美容 が人気

フルーツ酸など弱い酸性（AHA濃度10.0％未満、pH3.5以上）の美容液で肌をふきとることで、「あか抜ける」「つるつるになる」という新しい考え方。余分な角質を除去して皮膚の再生をうながすピーリングは新鮮で平成初期には人気があった。

「光老化」の発見

光が「見た目」の差を生むというニュース

平成に入ると、化粧・美容の分野でエイジングケアが本格始動。きっかけは「光老化」。肌の老化には、従来から考えられてきた身体の生理的加齢によるものに加え、それまでに浴びてきた紫外線の総量により、形態、色調両面から大きな影響が生まれるという考え方である。紫外線が急激に問題視された背景のひとつには、フロンガスによる南半球のオゾン層の破壊やそれに伴う皮膚ガンの増加など、想定外の現象が起きているというニュースだった。地球環境の変化が、スキンケアに影響をもたらすという発見は画期的であり、UV対策やスキンケア、生活の質次第で「実年齢」と「肌年齢」にギャップが生まれるという事

実は衝撃的だった。お手入れ次第で実年齢より「若く見せる」ことができるという気づきは、スキンケアやUVケアへの意識の高まりへと直結していった。女性雑誌では「肌年齢を5歳引き戻す」「実年齢より10歳若い肌」「10年後の肌のために今からケア」などと、実際の数字を挙げてケアを推奨する記事も登場。ケアの成果を実感するために、エビデンスを重視する傾向も加速した。アンケートや機器を使った肌分析で、自分の肌を科学的に知る方法が開発され、デパートの化粧品カウンターでも独自の肌分析を盛りこんだカウンセリングが主流になっていった。

双子の肌の差

右の写真の2人の女性は実は一卵性双生児。骨格やパーツの配置はよく似ているものの、シワやたるみ、肌色のトーンなど「見た目年齢」には大きな差がある。ほぼ同じDNAをもちつつも、左の女性は喫煙が習慣で、戸外で過ごす時間が多かったという。睡眠や食事、ストレスや喫煙などの生活の質に加えて、生活の中で浴びてきた紫外線の量によって、肌にどのような差が生まれるかを示す研究事例である。

Twins-Gay and Gwyn,Sun exposure
https://commons.wikimedia.org/wiki/
File:Twins_-_Gay_and_Gwyn,_Sun_exposure.jpg

IDENTICAL TWINS (NO SURGERY)
excess sun / normal sun
FROM DR. ANTELL'S TWIN STUDIES
DARRICK E. ANTELL, M.D., F.A.C.S.
DIPLOMATE AMERICAN BOARD OF PLASTIC SURGERY
850 PARK AVE NEW YORK,NY.10021-1845
☎ (212) 988-4040
WEB: WWW.ANTELL-MD.COM
E-MAIL OFFICE@ANTELL-MD.COM

美意識TOPICS

TOPICS 01 つるすべ

服を着たまま、洗面所でシャンプーができるシャワー付きの洗面ボウル。朝食を抜いてもシャンプーしたい女子高生が大半を占めているというトレンドを背景に昭和60年TOTOが発売。寝ている間の汗や皮脂汚れをスッキリ流して清潔でサラサラな髪で一日をスタートしたいという女子心を大いに満足させた。朝シャン専用のシャンプーや吸湿速乾性に優れたタオルも発売され、「朝シャン」は平成のはじめに一大ブームに。背景にあるのは「平成」という新しい時代に求められた、ライトでクリアな清潔感。女性が好む男性観として「しょうゆ顔」というワードも生まれ、男性脱毛も話題となった。肌はつるつる、ボディもすべすべが当たり前。ムダ毛の処理は一般的となり、顔のテカリを押さえるあぶらとり紙も化粧ポーチの必須アイテムになった。

「**5**歳若く!」を手に入れるため

☑ 肌分析

選び切れないほどの多くのコスメが世にはあふれ、「私の肌に合う」お手入れやコスメを求めるニーズが高まった。肌色にぴったり合わせたファンデーション、肌の水分、皮脂量や肌悩みに合わせたローションやミルク…多様なコンセプトをもつ分析型、オーダー型コスメが生まれた。「他人とは違う特別な私の肌」をいたわること、また肌を計測分析するというサイエンスへの信頼感は納得感が高く、先進的だった。とはいえ、数問のアンケートだけ、店頭での測定機器を用いた分析…と手法や精度はさまざま。平成元年発売ポーラの「アペックス・アイ」は、角層細胞やキメから現在・将来のシワ、シミのできやすさなど、未来の肌を予知予測し、個対応の商品とケア方法を継続して提案するはじめてのブランドだった。

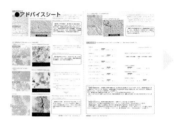

☑ Dr'sコスメ、メディカルエステ

昭和50年代後半から、皮膚科医が監修したことを前面に宣伝するブランドが登場し「ドクターズコスメ」というカテゴリーが確立された。多くの人が自分は「どちらかというと敏感肌」、「どちらかといえば乾燥肌」だと思っていることに注目し、マス広告されるような"一般的なコスメ"ではなく、より安心安全で特別なコスメをつくり上げた。皮膚科クリニックや調剤薬局で購入するアイテムは、慎重な扱いを要する「私の難しい肌」にはお守りのような存在。皮膚科やクリニック併設のメディカルエステで行われるピーリングなどの施術も、医師の管理下にあるという深い信頼から普及していき、平成10年代には、美容整形に対するハードルを下げた、"切らない整形"プチ整形につながっていく。

TOPICS 02 ガマンするダイエット

パリコレなどのファッションショーで活躍するスーパーモデルや、若年層を中心とした安室奈美恵人気を背景に、ダイエットブームが過熱、スリムな体型を実現するためのハウツーの記事が、雑誌に多く登場した。特に若年誌では、一定期間リンゴだけを食べる「リンゴダイエット」や食事を抜く断食など、本人のガマン、ガンバリで実行するものも多数紹介されている。非科学的な栄養に偏りのあるダイエット法は、摂食障害といった社会問題になり、やがて栄養学に基づいたダイエットが提唱されると、姿を消していく。

TOPICS 03 大人の女性へのエールも

「"いまの自分"が最高に魅力的に見える。」『クロワッサン』(平成4年5月10日)「本来40歳は、肌が完成されたもっとも美しい時期」。『クロワッサン』(平成6年6月10日)といった、ミドルエイジへのエール。「幸せ顔」や「オーラ」など内面の美しさを重視する価値観、若さ=美しさという画一的な美の基準にとらわれない、成熟世代を応援する記事が、意外にも平成はじめに登場している。平成の終わりに美の標準となっていく「私らしい」美しさの萌芽を見つけることができる。

平成1〜10年の
ヘア&メーク

バブル

HAIR
ワンレングス、ロングソバージュ。カラーリングはせず、自然な髪色。前髪の表面を大きなロットのカーラーで立ち上げる「トサカ前髪」、内側の髪は額がすける程度に残してふんわり内巻に。横の髪も立ち上げて、耳まわりをすっきりと見せる。

EYEBROW
自分の眉を活かしながら、眉頭や目尻が薄かったりムラになっている部分に、黒やチャコールグレーなど濃い色のアイブローパウダーを使って自然な形、色に整える。

EYE
マスカラ、アイラインは控えめ。アイカラーはパープル、ブルーなどの色味を活かし、ナチュラルに入れる。

SKIN & CHEEK
マットな質感のパウダーファンデーションをしっかり塗る。ローズ系のチークを主張しすぎない程度にこめかみから斜めに入れる。

LIPS
マットな青みピンクのリップが定番。リップブラシでしっかりと唇の輪郭をとり、内側を塗りつぶす。

アムラー

HAIR
ブリーチした明るめのストレートロング。毛先にシャギーを入れ、軽さ、動きを出す。

EYEBROW
眼窩に沿って線のように細い弓なりの眉をヘアに合わせた明るい茶系の色味のアイブローペンシルで描く。当時、自眉を剃ったり抜いたりしていたので眉毛が生えなくなり、その後の太眉ブームへの対応が大変だった。

LIPS
ヌーディーなベージュや白っぽいピンクパールのリップでシャイニーな口もとに。パール入りの口紅のほかに、パール入りのグロスなどを重ねて質感をチェンジ。濃いベージュ〜ブラウンのリップペンシルで輪郭を引き締めるのが定番。

EYE
アイラインやまつ毛はあまり強調せず、白いパールのアイシャドーで輝きのある目もとに。下まつ毛の内側に白いアイライナーでインサイドラインを入れて、白目をすっきりと見せる。

SKIN & CHEEK
肌はほどよい小麦色の日ヤケ肌。日ヤケサロンで焼く人もいたが、自分の肌より濃いトーンのパウダーファンデーションで再現する人も多かった。シェーディングを強めに入れて立体感のある小顔に。

日ヤケ肌からガングロへ

日ヤケはする?しない?日ヤケはしない方がよいとわかっていても、夏にはやっぱり日ヤケ肌が好き!「テラコッタ肌」「ブロンズ肌」など、日ヤケ肌の質感のちがいを表現するワードも登場。おしゃれでカッコいい日ヤケ肌を楽しみたい気持ちが伝わってくる。平成のはじめには、日ざしの弱い(紫外線量の少ない)時間から焼きはじめるなど、上手に日ヤケする方法や、焼いて(焼けて)しまった肌のケア法が女性雑誌の夏の定番記事だったものが、次第に「ボディは焼くけど、顔は焼かずに日ヤケ肌メーク」と変化し、平成14年頃には「ボディも顔も焼かずに、日ヤケ肌をコスメで演出」が定番に。日ヤケ肌を活かした、白いアイラインやリップのポイントメークも登場している。平成10年前後に登場してきたのが、「ガングロ」。アムラーやコギャルから派生した、10代後半の女子たちの明るくブリーチした髪にひときわ黒い肌、白く太く隈取った目もとの奇異な出で立ちは、社会現象として取り上げられた。

新しい
美容の登場

家庭にシャワーが普及。ボディケアのためのインフラが整ったことで、パーソナルなケアが可能な時代になった。心身のバランスを整えて、本来の自然治癒力に働きかけるボディケアが次々に登場。ボディケア先進国であるヨーロッパのエステティックやアジアの伝統療法をアレンジしたものも多く、施術後の爽快感や目に見える効果実感の高さが共感を得た。仕事帰りに立ち寄れる生活動線に立地するリフレクソロジーのサロンや、アロマオイルを使ったルームフレグランスへのアレンジなど、日々の生活に身近に取り入れられたことも普及の一因だった。

boom 1 / リフレクソロジー

足裏を刺激することで身体全体のバランスを整えるリフレクソロジー。世界各地で自然発生したといわれ、その歴史は数千年とも。ソフトなタッチでリラックスをもたらす英国式と、力強い刺激がイタ気持ちいい東洋式に大別され、手技、時間、使用する化粧料など多様なメニューがあった。オフィスビル内や駅近の立地は、会社帰りの立ち寄りを可能にし、回数券を購入する人も。リフレクソロジストの養成学校も登場し、女性の憧れの職業に。足の裏やその周辺には内臓や器官など全身の部位に対応する「反射区」が分布しているとされ、対応する反射区に表れた不調サインを刺激によって解消。気になるところが痛いという納得感と、術後に得られるすっきり感にリピーターも多かった。

boom 2 / 永久脱毛

むだ毛処理は夏前のビューティー記事の定番。「きれいなおねえさんは、好きですか。」のキャッチフレーズで登場した家電メーカーのセルフ脱毛器はヒット商品となった。この時期の男女問わない「つるすべブーム」でワキ、腕、脚への永久脱毛のニーズは高まったが、その一方、エステティックサロンでの施術は、技術や契約上のトラブルも多く、社会問題にもなった。現在では、医師法によって美容専門クリニック、美容外科、形成外科などの医療機関とエステティックサロンとで、施術方法や使用機器がそれぞれ定められている。平成10年代前半には「常識」とも言われるようになった永久脱毛。平成20年代後半には、さらにニーズが多様化。顔やデリケートゾーンなど対象部位が増えている。

boom 3 / アロマテラピー

「芳香療法」とも呼ばれるアロマテラピーは、香りによる自然治癒力の向上など、心身へさまざまに働きかける香りの効果が期待されている。香りが身近にある洗練された生活スタイルへの共感は非常に高く、アロマテラピーの考え方を取り入れた自然派コスメ、高級エステと幅広い層がさまざまな方法で香りを楽しむように。ダイエット、ビューティーなどの目的別のハーブティー、ディフューザーを使ったルームフレグランスなども普及し、香りで彩られた生活は身近なものとなった。

boom 4 / タラソテラピー

平成のはじめに日本上陸、平成4年には本格的な施術を行う滞在型のスパも三重県志摩にオープンして話題となった。タラソ（海）テラピーは「海洋療法」とも呼ばれ、ミネラルを豊富に含んだ海藻・海泥などを用いたパック、温海水プールでのジェット刺激、水中エクササイズなど、多様なメニューがある。フランスブルターニュ地方の塩やイスラエルの死海の泥など、エステ先進国の洗練されたイメージ、独特のマリン、オゾンノートの香りや海水に包まれる癒やしの感覚も実感が高かったが、"海水浴に行くと風邪をひかない"といった古くからの海浜療法への共感も一定のベースとなり、日本人にとっては親和性が高かった。

boom 5 / 韓国式垢すり

温浴スパやスーパー銭湯でも人気の韓国式垢すり。背景にあるのは、角層は不要なものであり、これを取り除いてすっきりしたいという心理。自分では手の届かない部位まで全身をくまなくこすってもらったあとに笑顔で見せられる垢の量や色にびっくりしつつ…も大きな達成感も。つるりと一皮むけたような爽快感がやみつきとなった。セルフケアのためのナイロン製の専用グッズも発売されて平成3年頃にはヒット商品になったが、肌がすりむけてしまうほどこすってしまうという事態も。その後、角層は肌のバリア機能を守るためには大切であるという見識が一般化、ナイロンタオルの弊害もマスコミで取り上げられて、ブームは沈静化へ。

boom 6 / リンパドレナージュ

リンパは体内の細胞のすき間を満たす組織液。老廃物、免疫抗体の移動を担っている。心臓のポンプ作用によって身体を循環する血液とは異なり、滞りがち。リンパ液の停滞はむくみにもつながる。リンパドレナージュは、首やわきの下、そけい部などに存在するリンパ節をリンパ液の流れに沿って、「ドレナージュ（フランス語で流す、排出するの意）」することによって美容効果を高めようというテクニック。軽いタッチでそっとなでる（軽擦）ように行うのが特長で、「本来は熟練のプロによる施術」ではあるが、これを部分的に日常に取り入れるコツが雑誌でくり返し紹介された。

H 11 ≫ 20

1999···2008

咲き競うビューティーの花

モテカワ女子がたくさん！
なりたい自分になれるテクニックもマスターしました。
どんな美容をしているの？
何が流行っていたの？
みんなの声を聞いてみて！

流行りのカラコン、つけまで **整形級メーク！**

ギャルは
髪盛ってなんぼ!!
今日の**姫系ヘア**も
カワイイ♡

盛り髪
ギザかわゆす〜♡
写メ撮っていーい？

このイタ気持ち
よさって病みつき！

**MDで一緒に
音楽聞こうよ！**

いいね！私は
MP3プレイヤー
買ったよー！

加圧トレーニングで
メリハリボディを目指すぞ！

ジェルネイル替えたの〜！
この爪だとぉ目もとインサイドラインきれいに
引くのチョー大変！

**さすが
カリスマ店員！**
かわいく撮るから
ちゃんと爪見せて〜!!

モテメークとファッションで、
愛され女子になりたいな♡

美容雑誌の特集で
最新美白コスメを
チェックしよ！

コットンパックでうるおい美肌をゲット！

咲き競うビューティーの花

1999
・東京に海外の化粧品セレクトショップ、セフォラ、ブーツ開店
・ヘアカラーリング剤の拡大
・『VOCE』(講談社)に「実験VOCE」連載開始
・この頃、厚底サンダル、ブーツ流行
ルナソル(カネボウ化粧品/M)

2000
・かかとの部分がないサンダル、ミュール人気
・まつ毛エクステ普及しはじめる
エクサージュホワイト(アルビオン/S)

2001
・規制緩和により、化粧品全成分表示
・『美的』創刊(小学館)
ディオール スノー(パルファン・クリスチャン・ディオール・ジャポン/S)、オーガ(ポーラ/M)、ダヴモイスチャー(ユニリーバ・ジャパン/H)

2002
・imidas新語流行語に「プチ整形」
・1万円以上の高級クリーム発売相次ぐ
SK-IIエアタッチファンデーション(マックス ファクター/M)

2003
・佐伯チズ著『頼るな化粧品!』(講談社)
SUQQU(エキップ/M)、マジョリカ マジョルカ(資生堂/M)、アジエンス(花王/H)

2004
・『MAQUIA』創刊(集英社)
・コエンザイムQ10配合化粧品解禁
・マスカラ使用率8割超える

2005
・「アラサー」
・モデルの蛯原友里をまねたエビちゃんメーク、エビちゃん巻き流行
インナーシグナル(大塚製薬/S)、雪肌精EXTRA(コーセー/S)、HAKU(資生堂/S)、SK-II LXP(マックス ファクター/S)、ザ メークB.A(ポーラ/M)、マキアージュ(資生堂/M)

2006
・コラムニストの深澤真紀が「草食男子」「肉食女子」命名
・この頃から「盛りヘア」
インプレス(カネボウ/S)、AQUA LABEL(資生堂/S)、ファンケル無添加メーク(ファンケル/M)、いち髪(カネボウ/H)、TSUBAKI(資生堂/H)

2007
・この頃から、BBクリーム流行
エリクシールシュペリエル(資生堂/S)、アスタリフト(富士フイルム/S)、オバジ/ダーマフォース X(ロート製薬/S)、Segreta(花王/H)

2008
・ユーキャン新語・流行語大賞に「アラフォー」
・iPhone発売
・Twitter、日本語利用可能に
・Facebook日本語版開設
・伊勢丹新宿店にビューティアポセカリー開設、オーガニックブームが本格化
・この頃「ナチュラルコスメ」がバラエティショップやドラッグストアで拡大
アグレーラ(ポーラ/S)、ソフィーナボーテ(花王/S)、ソフィーナ プリマヴィスタ(花王/M)、コフレドール(カネボウ/M)、かづきテープ(かづきれいこ)

※社名は現在の表記
※スキンケア:S、メーク:M、ヘアケア:H、ボディケア:B、ネイルケア:N

次々に生まれた「便利」は、女性のビューティーにも影響。新業態「駅ナカ」は、通勤途中に立ち寄れる利便性を提供。交通系ICカードは電子マネーとして、キャッシュレスへの流れを加速させた。コンビニ内には銀行ATMが設置され、24時間、銀行機能を利用できる環境に。ネット通販は、平成10年代に入ると急速に拡大した。ビューティーのお手本は、女優からモデル、読者モデルへと変化。「読モ」がブログで発信する情報は若年層の間で話題となった。そして、平成16年のmixiを皮切りに、YouTube、Facebook、TwitterなどのSNSが次々と登場。iPhoneなどの機器の発売とともに、ビューティー拡散のインフラが整っていった。

ミュージシャン顔

Photo by Getty Images

安室奈美恵に続き、ミュージシャンが若年層の憧れの対象に。浜崎あゆみ、宇多田ヒカル、倖田來未、持田香織など次々と登場した女性シンガーは、その楽曲とともに、ファッションやメークでも注目を集めた。目指す姿の表現として、「女優顔」と並んで、「ミュージシャン顔」「ミュージシャンヘア」などの言葉を使った雑誌記事も登場した。なかでも浜崎あゆみの、チークやリップの色味をおさえてなめらかさを強調した肌と、扇状に広がったつけまつ毛で人形のように大きな目をつくるメーク法は、当時の「デカ目」「モテ」ブームに乗ったトレンドとして紹介された。

BBクリーム

韓国コスメ発のBBクリームが日本に普及。もとは皮膚科などで、刺激を受けた肌を鎮静化し、保護することを目的に作られたクリームがはじまりと言われている。「BB」とは、「blemish balm」の略称で、ブレミッシュ(欠点・傷)を補うバーム(〜を癒やす、軟膏、香油)という意味。BBクリームとフェースパウダーでつくるベースメークは、自然な肌の演出ができるのも魅力のひとつ。1品でスキンケアとベースメークができるため、カバー力は充分とはいえないものの、美容成分配合によるスキンケア効果と、スピーディにベースメークが仕上げられる簡便さから、「時短」アイテムとして、20〜30代の女性たちの支持を得て普及した。

「おネエ系」の美の伝道師

写真提供：日本テレビ

平成10年代に注目を集めるようになったおネエ系タレント。平成18年から4年間日本テレビで放送された「おネエ★MANS!」は、各分野のカリスマおネエたちが、芸能人のファッションチェックや変身企画などを行うバラエティ番組。おネエ系タレントにはファッションや美容のカリスマも多く、美への強いこだわりと高い専門性に裏付けられた知識は、テレビや雑誌を通じて多くの女性の共感と信奉を得た。雑誌のお悩み解決記事でのダメ出しも、毒舌の中に視点のユニークさとアドバイスの適切さがあり、納得感が高かった。美容を「明るくチャレンジするもの」に変えた力は大きい。

平成11〜20年の **Beauty Trend**

《 時代のミューズたち 》

いずれも 写真：読売新聞／アフロ

井川遥　　**深田恭子**

平成12年頃からの流行語「癒やし系」をミューズにも求める傾向。平成10年代半ばには、韓流ドラマの影響で、韓国女優も憧れの対象に。

ヘア

レイヤーカットやパーマで動きを出したスタイル。キーワードは「小顔に見せる」「くせ毛風」。まとめ髪のアレンジも多彩で、おくれ毛や毛先を遊ばせる。平成10年代中頃には盛りヘアも登場。頭頂から後頭部にかけてボリュームをもたせ、カールドライヤーやヘアアイロンで縦ロールをつくる。茶髪は特別なことではなくなった。

メーク

目を強調したドーリーなアイメークや、弓形の茶色の細眉などのモテカワメーク。平成17年頃からは脱ギャルの流れをうけ、メークはナチュラル志向へ。ツヤのある素肌っぽい肌質にポンポンと置いたチークやリップグロス、目尻にポイントを置いたアイメーク、眉の形はカラーリングした髪の色に合わせ少しだけ太くなったナチュ太眉へ。

ファッション

平成一ケタから続くコンサバスタイルから、平成10年代前半には、『CanCam』モデルに代表される、モテを意識したレースやフリル、透ける素材を使った、華やかでかわいいファッションへ。露出の多いスタイルのためのツヤ肌づくりやフットケアに加え、冷え対策も関心事に。後半は、東京ガールズコレクション（平成17年〜）、ハイブランドのエッセンスをいち早く取り入れて安価に提供されるファストファッションなど、リアルクローズが注目を集める。

「モテカワ」を演出するアイテム

重要なモテパーツとして「デカ目」を演出するためのアイテムやハウツーが次々誕生。つけまつ毛やまつ毛パーマは、平成10年代後半には世代を超えて普及、まつエクもデカ目メークの選択肢のひとつに。カールキープ、ボリュームアップなど目的別のマスカラが登場。マスカラがダマになった「ひじきまつ毛」はNG、扇形に広がるセパレートまつ毛を実現するコーティング技術も向上。アイライナーもペンシル、リキッド、ジェルと多様に。とくに筆ペンタイプのジェルライナーは平成10年代後半以降、細い筆先でまつ毛の間を埋めて目尻や目の際を締めるアイテムとして活躍。白いインサイドラインは白目を引きたてるテクニックとして印象的なデカ目には必須テクだった。

〈アイライナー〉　〈カラコン〉

〈まつ毛エクステンション〉〈ホットビューラー〉

プチプラ表舞台へ

コンビニやドラッグストア、ワンプライスショップなど、プチプラコスメを自由に試せる売場が増加した。バラエティショップではコスメから美容アイテムまで、テスターでチェックができるので、ワンシーズン限りになりそうな流行アイテムやトレンドカラーにもチャレンジできるようになった。また低価格ながら満足度の高い商品も増えた。雑誌では、ヘアメークのプロによる使いこなしの情報も充実して、選択眼もアップ。高価格品との上手な使い分けも当たり前になった。

みんなもがいた**アンチエイジング**

平成10年代になると、エイジングケアへの関心は一層高まり、若年層へも広がっていった。もともと、アンチエイジングは平成のはじめにアメリカではじまった予防医学の考え方。病気を治療するのではなく、健康を維持、増進するための、細胞レベルでの老化研究や、臨床的な医療、栄養や運動、ストレスケアなど、多彩な視点で「加齢」にアプローチしていた。日本では、平成10年代はじめ頃、美容分野での積極的な取り組みがはじまった。当初は成分訴求、効果効能を前面に打ち出したスキンケアアイテムが発売され、注目を集めた。はじめて聞くような成分名がテレビコマーシャルや雑誌記事に登場することで、「何が効くの?」「どちらがいいの?」に、女性たちの関心は移っていく。こうした「抗老化効果をうたうコスメへの期待」は、さらなる手応えや実感を求め、美容機器やコットンパックなどひと手間かけたお手入れ、メディカルエステから徐々に敷居が下がり一般化してきた美容皮膚科でのプチ整形へと進んでいった。一方、顔のたるみには頭皮から、と「リラクゼーション」の魅力も併せたヘッドスパも流行。その後のエステブームへとつながっていく。そして「若いうちからエイジングケア」という考え方が広まり、「プチ老け」「初期老化」という言葉が生まれ、早期に手を打つことが賢い選択とされた。

ほうれい線が美容ワードに!

ほうれい線は、もとは中国の人相学の用語で、平成初期にはそれほど目にする言葉ではなかったが、急速に市民権を獲得し平成25年にはimidas新語流行語に選出されている。ポーラ文化研究所の調査では『with』平成15年1月号に初登場*。この記事によると、「ほうれい線」の有無が顔の若々しさの印象を大きく左右すると発見している。まさに美意識の進化! 本格的にたるんでしまう前、頬の毛穴が少しゆるみはじめている今が要注意、と初期老化に対して警告を発していた。このほかにも、目の下のたるみの「ゴルゴライン」、口角から伸びる「マリオネットライン」などの象徴的なワードも登場、一気に普及した。

*「エッ"プチ老化"が私の肌を狙っている!?対策A to Z」

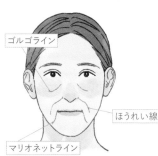

ゴルゴライン
ほうれい線
マリオネットライン

高級クリームブーム

平成10年頃からはじまる高級クリームブーム。シワやたるみ、シミなど加齢にともなう肌のお悩みケア、アンチエイジングを訴求する商品が、国内メーカー、外資系ブランドから相次いで発売された。美容専門雑誌の創刊により、商品、ハウツーなど美容情報の量が増大、質が充実したこの時期、美容ライターが熱く語る記事に、「効きそう」という期待を抱いて百貨店のカウンターへ足を運んだ人も多かったはず。カウンセリングやタッチアップを受けながら、「私」に合う一品を選んでいく時間の高揚感は格別。短期集中やレスキューアイテムとして、また肌にあらわれたエイジングへの先行投資として購入する人も。

美意識TOPICS

TOPICS 01 等身大のミューズたち

ビューティーのお手本は、女優やタレント、アナウンサーなどから、雑誌の専属モデルや読者モデルへと変化。読者モデルは、自ら応募して選ばれた読者代表。価値観を同じくする雑誌読者のコミュニティの中での共感性が高かった。読者モデルたちが誌上で洗練され、専属モデルとなり、やがては表紙を飾る。どんどん洗練されていく様子はまさに等身大のミューズだった。ファッションはもちろん、ライフスタイルや信条、発言、すべてが憧れのロールモデル。平成10年代はじめから普及したブログなど、誌面を飛び出して発信されるモデルの生の声に夢中になった。

『CanCam』(小学館)平成18年7月号©小学館/『STORY』(光文社)平成14年12月号

TOPICS 02 美容雑誌創刊

『VOCE』(講談社、平成10年11月)、『美的』(小学館、平成13年3月)、『MAQUIA』(集英社、平成16年9月)が創刊、ビューティー・コスメ誌というジャンルを確立。早くから記名記事で存在感を示した齋藤薫はその後の世代に大きな影響を与えた。美容記事を担当したライターや編集者たちは美容家、美容ジャーナリストという新しい肩書を得て、美容を熱く語っていった。長期連載「実験VOCE」は新製品の機能、テクスチャーを徹底比較、読者のコスメを見る目を大いに鍛えた。

『VOCE』(講談社)平成10年5月号/『美的』(小学館)平成13年5月号/『MAQUIA』(集英社)平成16年11月号(写真:富永よしえ)

▶ ▶ ▶ アンチエイジングメソッド

☑ ひと手間かける新しいテクニック

造顔マッサージとローションパック。いずれも少しめんどうなテクニックでありながら、提唱者のカリスマ性もあり、世代を超えた一大ブームに。クールな黒い帽子がトレードマークの田中宥久子が考案した「造顔マッサージ」。イタ気持ちいいギリギリの、強烈な圧力をかけて筋肉を強化し、顔を造りかえる発想自体が新鮮な驚きだった。まだ動画サイトが一般的ではなかった当時、マッサージクリームにスポンジクロス、そしてテクニックを紹介するDVDがセットされたキットは画期的。一方、佐伯チズはコットンと化粧水、誰でも入手しやすい基本的なアイテムを使ったスキンケア法「ローションパック」を提唱。「毎日続けることで肌は必ず応えてくれる」という強いメッセージとともに、美の伝道師として信奉された。

佐伯チズ『頼るな化粧品!』(講談社)／田中宥久子『田中宥久子の造顔マッサージ』(講談社)

☑ プチ整形

平成一ケタのメディカルエステやドクターズコスメの広がりにより、徐々に敷居が下がっていった美容クリニック。そこで行われる皮膚科領域の治療は、メスを使った外科的治療に比べ、皮膚はもちろん心理的な負担が小さかった。また比較的安価なこともあり、美容支出の選択肢のひとつになった。整形に関する情報は美容記事でも急速に取り上げられるようになり、専門家のコメントも掲載され、コスメとメディカルの比較検討も行われている。美容記事には、(スキンケア、メークの効果として)「整形級」「お直し」という言葉も登場している。では実際は、どのくらいの人が行っていたのだろうか。ポーラ文化研究所が行った平成15年のアンケート調査では、「効果に期待する」は美容整形55%、プチ整形は58%と半数を超えているものの、「施術に対する不安感」は、美容整形は77%、プチ整形は71%が不安(かなり不安、やや不安の計)、「経験した」は美容整形で0.4%、プチ整形0.9%という結果だった。

☑ エイジングケアコスメ

頬の毛穴の変化や、シャープなフェースラインがゆるんでくるなどの「プチ老化」を感じる20、30代にとってエイジングコスメは興味津々。次々と進化ポイントをバージョンアップさせて発売される商品はどれも「効きそう」なものばかり。しかし、最先端の皮膚科学や、画期的な美容成分、処方化技術などの専門用語も散りばめられ、メーカーが発信する情報だけでは理解が難しいことも。そんなときに強い味方となったのが雑誌や口コミサイト。専門的な内容をわかりやすく伝える雑誌記事や、美容家、ライターたちの使用感のコメントなどを総合して、コスメの価値を探っていった。

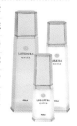

☑ 頭皮へのアプローチ

平成10年代にみんなの憧れとなったヘッドスパ。ゴッドハンドが話題となった予約のとれない隠れ家サロンも登場。クリームバスやハーブボールを使った贅沢なケアや、よく訓練された手技によるディープクレンジングは至福の時間。頭皮へのアプローチにより、顔のリフトアップ効果も期待された。またヘアサロンでも、パーマ、カラーリングの施術と合わせて行う頭皮をほぐすマッサージシャンプーなど、ヘッドメニューを充実させていった。

©RYO/amanaimages

TOPICS
03
「茶髪」はフツーに

バブル期まで、日本女性の美髪の基準は「黒髪(くろかみ)」。いつから「茶髪(ちゃぱつ)」はフツーになったのか。平成はじめ、女性の染毛率は全体で29%だが、平成12年には全体では63%に上昇。「24〜29歳」では74%に。中高年齢層では白髪染めを継続していると思われ、「24〜29歳」を中心とする世代の急増が全体の上昇に影響を与えている。茶髪になったことで、眉マスカラも必須アイテムとなり、色による軽さ、抜け感が日本人の標準装備へと変化した。

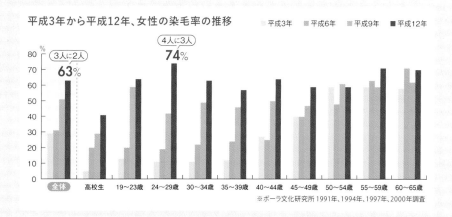

平成3年から平成12年、女性の染毛率の推移　■平成3年　■平成6年　■平成9年　■平成12年

3人に2人 63%　4人に3人 74%

全体　高校生　19〜23歳　24〜29歳　30〜34歳　35〜39歳　40〜44歳　45〜49歳　50〜54歳　55〜59歳　60〜65歳

※ポーラ文化研究所 1991年、1994年、1997年、2000年調査

平成11～20年の
ヘア&メーク

モテ

EYEBROW
ペンシルとケーキタイプの2つのアイテムで、ヘアに合わせた明るい色をのせる。目と眉の距離を近くして目の大きさを強調。眉幅はやや太くなり、毛流れも感じられるように。

LIPS
肌なじみのよいヌーディーピンクやピンクベージュのグロスを直塗りして、口角のキュッと上がったツヤのある唇に。

EYE
ペンシルやリキッドなど多様なアイライナーで目の周りを丸く黒く囲み、黒目の大きさを強調。ビューラーとマスカラで上まつ毛をしっかり垂直に上げ、下まつ毛にもていねいに。丸く大きく放射線状にセパレートさせる。

HAIR
「茶髪」にカラーリングし、トップからフェースラインまでは重めの内巻き、首筋あたりからふくらみをもたせたマーメイドライン。レイヤーカットでランダムな動きを出す。

SKIN & CHEEK
カバー力の高いリキッドファンデーションでうるおいの感じられる肌に。ピンクローズ系のクリームチークを丸くぼかし、愛らしい肌を表現。

ナチュかわ

EYEBROW
ナチュラルな形への移行期の眉。アイブローパウダーや眉マスカラで仕上げる。自然に近い形に整え、色は髪色に合わせる。

LIPS
目もとを強調するため、唇は主張しすぎないヌーディーベージュ。厚みのあるリップグロスでリッチなツヤを。

EYE
筆ペンタイプのアイライナーで描く目尻のハネ上げテクが流行。ロングラッシュタイプのマスカラ、目尻の部分だけにつけるつけまつ毛で切れ長の目に。パールホワイトのシャドーで涙袋をしっかり描いて、うるんだような目もとを再現。

HAIR
重めバングからのぞく三角形の額がポイントの、トップを高めに盛った巻き髪。

SKIN & CHEEK
リキッドファンデーションでていねいに仕上げた、自然なツヤのあるもっちりとした色白肌。コーラルピンクのパウダーチークで自然な肌色に。

アーティスト、セレクトショップ、ナチュラルコスメ

「洗練、知的、おしゃれ」をキーワードにNARS、ボビイ ブラウン、M・A・Cなどのアーティストブランド、コスメセレクトショップが次々と上陸。ナチュラルコスメ、オーガニックのコスメセレクトショップも登場した。アーティストブランドは百貨店というステータスやここだけにあるという特別感が魅力。

アイテムを手にするボビイ ブラウン
Photo by Getty Images

セフォラ1号店（東京・銀座）

伊勢丹新宿店にビューティアポセカリー開設
写真提供：株式会社三越伊勢丹ホールディングス

新しい美容の登場

平成10年代には、医学や栄養学に基づいた科学的な方法論や、エビデンスに裏付けられた実効性のある美容サービスが登場。成長ホルモンやリンパの流れ、深層筋のトレーニング、内臓に着目した美容、と多様なアプローチが特徴。パーソナルに設計されたプログラムを専任のトレーナーとともに実践することにより、省時間かつ効果を最大化させる個対応のサービスは、充足感が高かった。

boom 1 / 加圧トレーニング

昭和40年代に日本で誕生。考案者がトレーニング業界の人物だったことから、はじめはスポーツやリハビリテーションの領域で普及。平成10年代半ばからの筋トレブームやアンチエイジングブームにのって、ビューティーの世界でも注目されるように。加圧することにより短時間で成長ホルモンの分泌がうながされるとされ、また新陳代謝により肌にハリツヤを与えるとうたったことも女性の注目を集めた理由のひとつ。腕や脚の付け根に特別な器具を巻くトレーニングは、パーソナルトレーナーとのマンツーマンが必須。筋肉増強効果もさることながら、終了後のスッキリ感がやみつきに。

boom 2 / ピラティス

第一次世界大戦で負傷した兵士のリハビリのために考案された長い歴史をもつエクササイズ。日本へは平成10年代前半に上陸、ハリウッドセレブも実践しているスタイリッシュな健康法として注目を集めた。インナーマッスルと呼ばれる身体の深層部の筋肉を意識して動かすことで体幹を鍛え、単純に痩せるのではなく均整のとれた、しなやかに引き締まった体をつくるというもの。自覚できない未知の「深層筋」への関心は徐々に高まり、ピラティスのように本格的ではなくても、「体幹トレーニング」「コアトレ」といった名称のセルフエクササイズを日常生活に取り入れる人は増えていった。

boom 3 / デトックス

体内に停滞する老廃物や有害化学物質などの「毒素」を排出して身体を浄化することで、キレイになろうという考え方。当初は単なるむくみ取りや便秘を防ぐといった認識だったが、自然には排出されにくい毒素を効果的に排出するための方法として定着した。体の巡りを高めるマッサージ、発汗を促す半身浴、デトックス効果をうたったハーブティーなど日常の美容習慣にもなった。毒素の排出ルートは汗や尿、髪の毛など限られているが、最大の排出ルートは便。しかしストレスも多い現代社会、規則的な排便を維持することは難しく、「腸活」に注目が集まった。腸が脳の働きに直結していて、美容にとっても重要であるとの認識が高まっていった。

boom 4 / 低糖質ダイエット

炭水化物の摂取を控えたりするなど、急激な血糖値の上昇を防ぐことに着目したダイエット法。ハリウッドセレブが実践していることも魅力だった。それまでの単品ダイエットやプチ断食とはちがって、炭水化物以外の摂取はOK、食べる量を減らすダイエット法ではなかったので、ストレスも少なく、良質なたんぱく質を摂取することで、美肌キープが期待できるのも理にかなっていた。

指先のキラキラが気持ちをアゲる！

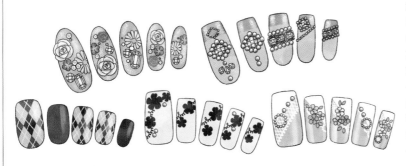

メーク、ファッションのモテ志向の中、カワイイを演出するネイルアートが、平成10年代に大流行した。ネイル専門誌の創刊やセルフネイルのためのムックも刊行され、カリスマネイリストも登場。ネイリストは憧れの職業になった。流行の中登場したアクリル樹脂でつくるスカルプチュアやジェルネイルによって、もちや発色、装飾性が格段にアップ。ネイルカラーではできなかった3Dアートやタイダイ、豪華なストーンづかいなど、次々と新しい技術が生み出され、女子たちの驚きと共感を得ていった。テンションを上げてくれるお気に入りのネイルを3週間もたせるためにも、手先のケアは必須。サロンおすすめの上質なオイルなど専用アイテムでのホームケアも欠かせない。

H21 ≫ 30

2009…2018

見せたい「形」はさまざまに…

パーティは最高潮！さまざまなテクノロジーが
みんなのビューティーを加速させる！
男の子だって女の子だって、もっとキレイになりたい！
それぞれの美しさがもっと大きくもっと自由に
開花していきます。

ガウチョパンツはラクチン！
一度はいたら手放せない！

もう髪は染めないの。
今の私が、一番好き

パーソナルカラー診断でこの色が似合うってわかったよ。私はブルベ夏だって！

スーパーフードは美容にいいんだって。アサイーボウルおいしい！

チアシードとスムージーもいいよ。女子力上がるー

タピろ～！やばい映えてる!!セルフィーしよ！

あげみ～！ちゃんと顔面盛れてる？

撮った写真、SNSにアップしよー

パーソナルトレーナーの食事指導、参考になるー！

小顔になるため毎日コロコロ…

「はい！みなさんこんにちは！コスメチャンネルのポーちゃんです。今日はこのファンデーションブラシを使ってみまーす！」

ふんふん、ファンデーションブラシね

赤リップのグラデテク、動画で見てみよ！

遺伝子診断してみたよ！こういうダイエットが向いてるのか～

ねえねえ、サステナビリティって知ってる？

おフェロメークはじゅわっと血色良く見せるのが今っぽ

「くるりんぱ」って簡単でかわいい！

メリハリ立体顔にはやっぱりコントゥアリング！

2009
・『美STORY』(光文社)創刊
・ミネラルファンデーション、オールインワンゲルが人気に
THREE(ACRO/M)、ADDICTION(コーセー/M)、uka ネイルオイル(uka/N)

2010
・低価格コスメ人気
・韓国コスメブームに
・エイジング訴求のホワイトニング実績伸長
・コスメキッチン
・ダウニー人気
・電動マスカラ
ソフィーナボーテ(美白)(花王/S)、コスメデコルテAQMW(コーセー/S)、エリクシールホワイト(資生堂/S)

2011
・東日本大震災
・ノンシリコンシャンプー
B.A RED(ポーラ/S)、フローフシ(フローフシ/M)

2012
・オイル美容に注目
キュレル皮脂トラブルケア(花王/S)

2013
・日焼け止め「PA++++」新基準解禁
・imidas新語流行語に「ほうれい線」
・フリマアプリ「メルカリ」サービス開始
・資生堂が動物実験禁止を表明、他メーカーも続く
・すっぴん美容
ソフィーナグレイス(花王/S)、アスタリフトホワイト(富士フイルム/S)

2014
・消費税8%でコスメもかけこみ需要
オルビスユー(オルビス/S)、シナクティフ | クレ・ド・ポー ボーテ(資生堂/S)、アルティミューン(資生堂/S)

2015
・インバウンド需要急上昇。百貨店等ではカウンセリング難に
TWANY Glow(カネボウ/S)、プリオール(資生堂/S)、オバジ(ロート製薬/S)

2016
・ポーラ、シワ改善で厚労省から初の医薬部外品承認取得
・おフェロメーク、ほてりメーク
アリュー(ポーラ/S)、オルビスユー ホワイト(オルビス/S)、KANEBO(カネボウ/S)、DHC薬用センシティブシリーズ(ディーエイチシー/S)、Fujiko眉ティント(かならぼ/M)

2017
・ユーキャン新語・流行語大賞に「インスタ映え」
・「メーク動画」、ハーフマット肌
・コンシーラーなど部分用アイテム人気
リンクルショット メディカルセラム(ポーラ/S)、エリクシールシュペリエル エンリッチドリンクルクリームS(資生堂/S)

2018
・グレイヘア
・マルチ機能をもつコスメ人気
ディエムクルール(ポーラ/M)、Amplitude(ACRO/M)

※社名は現在の表記
※スキンケア:S、メーク:M、ヘアケア:H、ボディケア:B、ネイルケア:N

見せたい「形」はさまざまに…

化粧や美容の情報源は、マスメディアからTwitterやInstagramなどSNSへ急速に変化。情報発信&シェアするスタイルが定着した。多様な価値観をもつコミュニティごとに、それぞれの魅力あるミューズ、アイコンが存在し、その「言葉」「嗜好」「ビューティー」「生き方」が共感を集めた。
高機能コスメや美容医療の進化により、「なりたい・見せたい自分」に「お直し」することも可能な時代となるものの、東日本大震災を契機に、美容への向き合い方も変化。人生100年の時代に、いかに自分らしく、心豊かに年を重ねるかがすべての人のテーマとなった。「美容=容姿を整える」という解釈は終焉し、美容の目的や表現は、さらに自由に多彩に進展していくのではないだろうか。

個性的なアイコン

渡辺直美やきゃりーぱみゅぱみゅのような個性的なルックスやファッションで人気を集めるアイコンが登場。すっぴんからはじまるメーク動画公開、SNS上でのつぶやきや、日常生活を切り取った写真、変顔まで、従来の正統派アイドルにはなかった生の声、等身大の姿は共感性が高かった。ネット上の世界では、友人や知人だけでなく、同じ趣味や嗜好の人が世代や性別、地域を超えて集まることが可能になり、その中で認知、賞賛されるアイコンはファンと強い絆を結んでいった。

Photo by Getty Images

「シワ改善」をうたえるコスメ

平成29年1月、シワ改善の効能で日本初の厚生労働省認可の製品「リンクルショットメディカルセラム」(ポーラ)発売。(独自の医薬部外品有効成分「ニールワン」配合)その後シワ改善を訴求できる化粧品が次々と誕生した。平成23年には「乾燥による小ジワを目立たなくする」という広告表現が厚生労働省から認められたが、この「乾燥による」「小ジワ」「目立たなく」といった付帯条件をすべて取り去って、「真皮のシワ改善」を訴求することができる医薬部外品の認可は業界を挙げての実に大きな夢だった。明確なエビデンスをもつコスメの進化が形となったニュースである。

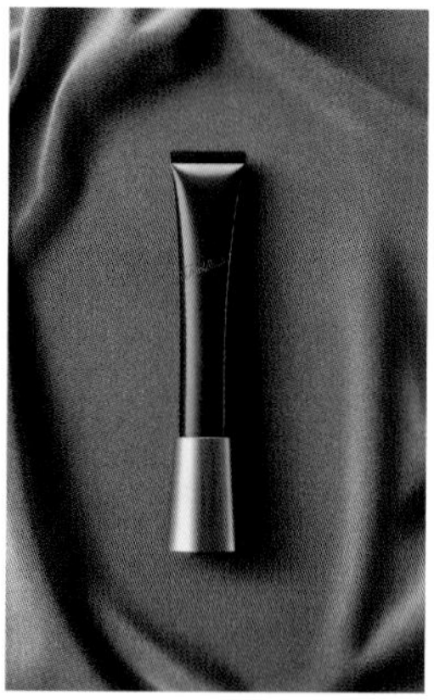

平成21〜30年の **Beauty Trend**

Beauty words

コミュニティごとに目指す姿、ビューティーは多様に。見た目の美しさだけでなく、生き方や思想、ユニークな魅力に共感が集まる。

モテ	立体感
透明感	大人
おフェロ	抜け感
こなれ	ゆるふわ

《 時代のミューズたち 》

北川景子 **石原さとみ**

顔立ちの美しさと親しみ、共感性。かわいらしさと大人の色気など、一人の女性がもつ多面的な魅力に憧れを感じた。

ヘア

「ゆるっと盛る」がキーワード。ハーフアップや編み込み、「くるりんぱ」など手の込んだヘアアレンジが専用グッズの発売で簡単にできるように。まとめ髪も手ぐしでつくったエアリーなふんわり感やゆるく巻いた毛先の遊びがポイント。

メーク

手をかけて仕込んだすっぴん風メーク。透明でプルンとツヤ感のある肌、いくつものアイテムを使って自然に整えた眉、自然に上気したような血色感のある頬、カラコンで自然に盛った目。世代を超えてナチュラルを指向し、「モテ」から全方位向けの「好かれ顔」へシフト。

ファッション

ライフスタイルに結びついた、○○系ではくくれないミックステイスト。東日本大震災以降のパーカーやスニーカーなどの活動的なスタイルや、平成20年代後半のガウチョパンツや伸縮素材のジャケットなど、「がんばりすぎないおしゃれ」「楽だけどきちんとして見える」機能性や着心地の良さも重視された。

ファンデーションの進化とテクニックの革新

〈コントゥアリング〉

パウダーファンデーションの手軽さと、プロがつくるリキッドのツヤと軽さ、両方がほしい…。そんなニーズを実現させたのがクッションファンデ。簡単にツヤ肌が演出できて、手が汚れないのもうれしい。韓国発とされる新剤型は短期間で市民権を得て、国内外のハイブランドからも発売され、今では幅広い価格帯で品揃えされている。同時期、「ファンデーションのブラシ塗り」の流行もはじまった。毛穴レスなツヤ肌づくりにいいとプロおすすめのテクニックを取り入れたのだ。高級メークブラシは、平成23年、なでしこJAPANへの国民栄誉賞の副賞にも選ばれ話題となった。そして、肌の自然な立体感、ライブ感をつくり出すために必要とされたのがコントゥアリング。顔にデッサンをするように光や影を描くテクニックを、メーク感度の高い人たちが取り入れていった。1種類のファンデーションで肌を仕上げる時代は既に終わりを告げている。

アジアのビューティー

平成20年代後半には、メークのお手本は欧米からアジアへ。代表格の「オルチャンメーク」は、K-POPアイドルの透明感のあるメークやカッコいいファッションが大好きなティーンエイジャーたちが取り入れた。ツヤのある肌からあふれる血色感、ぽってりとした透明感のある赤リップ、困ったような平行眉など新しいビューティーは短期間に標準化、20代女性にも広がっていった。そして令和を迎える頃には、"整形級に美しい"中国女性のメーク「チャイボーグ」も登場。国や地域にこだわりをもたず、いいと思ったものを取り入れる。ビューティーの基準は自由に拡張している。

「マイナス◯歳」から「私らしく」へ

加齢に「抗う」という考え方は、女性たちに共感と賞賛をもって受容された。その象徴が、平成22年11月、第1回国民的"美魔女„コンテスト。主催は平成21年創刊の『美STORY』（光文社、現『美ST』）。平成20年代は、高機能コスメや美容医療が進化し、「なくす」「変える」「もどす」が可能な時代が到来した頃。美容グッズも美容家電も当たり前。美容支出が厳しいティーンエイジャーでさえも、アンチエイジングを意識。身近な生活グッズなどを使ってたるみケアに熱中した記事も多い。また、実年齢よりも若く見せるためのメークテク情報が常に紹介されている。特にマチュア誌では「マイナス5歳」、「マイナス10歳」をテーマにしたていねいな肌づくり、色味をおさえつつもラインをキ

メたポイントメークなどのテクニックが定番となった。
しかし、平成20年代後半、「若さ」信仰に変化の兆しが。「シミを消す」は「内から輝く肌」とポジティブな表現に変わり、「抑制、阻害」は「肌の力そのものを高める、引き上げる」という価値観へと変化した。「人生100年時代」「QOLを上げる」など、人生の長い時間を豊かに送るため、化粧の果たす役割にも変化がおきた。「自然体」「らしさ」を大切にすることで「グレイヘア」に関心が集まり、大きな話題となった。更年期も健やかに生きるための重要なテーマとの認識が深まり、一人ひとりが美しく輝くための知識、情報や手段は今後ますます期待され、多様な深化を求められている。

平成21年創刊の『美STORY』（光文社）が「美しい40代がニッポンをアゲる」と銘打って、平成22年に「国民的"美魔女„コンテスト」を開催

『美ST』（光文社）平成23年2月号
「第1回 国民的"美魔女„コンテスト 初代グランプリ決定!!」p27

大人の女性へ向けたメッセージ

『婦人画報』（現・ハースト婦人画報社）平成21年1月号
「藤原美智子の『マイナス10歳』の処方箋」p316-317
ヘア＆メイク：藤原美智子（LA DONNA）
撮影：高橋英樹（人物）・中村淳（静物）
スタイリング：菊地ユカ

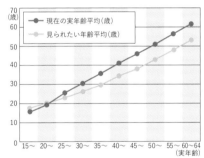

10代後半は実年齢より年上、20代前半は実年齢とほぼ同じ、20代後半以降は実年齢より年下に見られたいという結果に

※ポーラ文化研究所 平成23年調査
（対象：15〜64歳女性）

美意識TOPICS

TOPICS 01 メークは抜け感、癒やしへ

平成20年代は、「抜け感」に象徴される、がんばりすぎない、がんばったことを見せないメークが主流に。平成20年のリーマンショック、平成23年の東日本大震災を経験したことは、ビューティーに向かう意識や行動に大きな影響を与えた。社会や環境への意識が高まり、自己より他己、エシカル（倫理的）であることが大事な価値観となり、いかにもがんばったメークやファッションはカッコ悪いという気運が広がった。またこの頃、雑誌には「時短メーク」も数多く紹介されている。マルチパーパスなアイテム、複雑な髪型を簡単につくれるヘアグッズなど、便利で使い勝手が良いモノを上手に使って省時間、楽をしてもきちんと見える、力の抜けた自然なメーク、ヘアスタイルが選ばれた。

TOPICS 02 SNSの中の自己認識

ビューティーの情報源はマスメディアからSNSへ急速に変化。SNSを通じたメークスキルの共有も盛んに行われ、誰もが情報の発信者になった。スマートフォンで自撮りをしてSNSにアップして「いいね」をもらうことが日常となる。平成27年頃から普及したスマホの自撮りアプリには、美肌加工や顔のパーツ調整の機能を備えたものも多く、この機能をフル活用して加工した顔は、まさに「理想の私」。ありたい私に向けて手直しするのは楽しいけれど、客観的には、ギャップは大きい…。「さすがにこれはやりすぎ？」という修正には自制心も働く。「少し修正を戻して…」ほどよく盛った私が「ジャストな自己認識」なのかもしれない。

▶ ▶ ▶ アンチエイジングメソッド

☑ ハイパーコスメ

平成の終わりには「効くコスメ」が話題となった。「真皮のシワを改善する効果」を訴求できる薬用美容液の上市はセンセーショナルだった。平成29年1月のポーラ「リンクルショット メディカルセラム」を皮切りに資生堂の「エリクシール シュペリエル エンリッチド リンクルクリームS」、コーセーからは「ONE BY KOSE ザ リンクレス」など各社から発売された。いずれも、独自成分を配合し厚生労働省の承認を得た医薬部外品で、シワへの改善効果を訴求できる。もうひとつの大きな悩みであるシミにアプローチする美白コスメにおいても意義ある進化があった。ロドデノール以降10年間の沈黙を破り、平成30年、美白の新規医薬部外品成分「PCE-DP ピース ディーピー」(ポーラ)の認可が下りたのだ。平成終わりのこの時期のハイパーコスメの進化は、従来のコスメの役割を超え、女性たちを肌悩みから解き放った。ドラマチックな開発ストーリーは、美に投資する女性たちの心を動かすモチベーションとなった。美容医療で「治す」か、コスメで「直す」か・・・そんな選択が可能な時代がやってきた。まさに美のイノベーションがはじまっている。

☑ たるみケアは頭皮から

加齢によるまぶたの下垂、頬のたるみによるほうれい線、フェースラインのゆるみ、「顔の下半身」に表れるこんな悩みの防止、解消のために、パックやマッサージなど、さまざまな方策がオススメされてきたが、平成も後半にさしかかって、クローズアップされたのが「頭皮」。美容感度の高い人ほど、頭皮に注目した。顔の皮膚と頭皮は地続き。頭皮をはぐくむヘアケア製品へのこだわりも高まった。血行を高める有効成分が配合された高級シャンプーが続々と登場し、頭皮に残ったシリコンがフケやかゆみなど頭皮トラブルを招く恐れがあるという説を背景に、ノンシリコンシャンプーも一大ブームになった。頭皮の汚れをしっかり取るためのシャンプー前のプレマッサージオイル、洗髪後のマッサージトニックなどの、従来のステップにプラスαするアイテムが充実した。プロの手技を再現する美容機器やグッズも登場。頭皮に良い刺激を与えて頭皮を活性化することが新しい習慣となってきた。

☑ 美容医療

美容医療がアンチエイジングケアの選択肢のひとつとなった10年。機器や技術の進歩により手法が洗練、施術メニューの幅も広がって自然にさりげなく「お直し」ができるようになってきた。ダウンタイムが短くなるなど身体の負担も低減。社会の意識も変化して、セルフケアでは改善できない悩みを解決する方法のひとつとして、隠す必要はないものとなってきている。また、美容医療ジャーナリストというこの分野の専門家が登場。体験談とともに、テクニックの種類を比較できる情報が美容雑誌でていねいに示されることで期待は加速し、高級化粧品とのコスパ、リスク比較も可能となった。実行者はまだ少ないものの、情報量は増加、潜在的な興味は高まって、女性誌の特集も増加した。平成10年代によく使われた「プチ整形」ではなく「美容医療」という言葉に変わったことも意識の変化を示している。形を整えるという目的ではなく、エイジングケアの選択可能なひとつの分野となってきたようだ。

☑ 美容機器でおこもり美容

いつもの美容ステップに美容家電、グッズを導入することが「当たり前」になってきた。プロの技を自宅で実現できることが魅力。雑誌には「おうちスパ」というワードも登場。忙しいママも週末やスキ間時間に活用したいと思っている。美容家電のブームは、平成はじめのイオンドライヤーで火がつき、いったん沈静化。その後のエステ人気を受け、「おうちスパ」となった。美容グッズは平成20年代はじめにムック本と一緒に発売された美顔器がブームのさきがけともいわれるが、今や機能、デザイン性、価格もさまざま。売り場もテレビ通販、雑誌通販、バラエティショップそして百貨店のメインステージへと拡大してきた。「おこもり美容」の進化はまだ続きそうだ。

TOPICS
03

抗うから引き出すへ

老化要因に対して抑制する、阻害するなど、「抗う」という考え方から、「肌がもっている本来の力を引き出し高める」という発想に近年、急速に変化してきた。たとえば、メラニンの生成阻害やチロシナーゼの活性抑制により美白を手に入れるのではなく、表皮細胞内のメラニンキャップ(メラニンの塊)を分解するという肌がもつ本来の機能に注目した「セルフクリア」は、自分の中に秘めている美しくなる力を最大限に活かすシステム。また、加齢とともに溜まる老廃物を分解する浄化システム、オートファジーサイクルにより、輝きに満ちた艶やかな肌を目指すというコンセプトで平成25年9月に発売されたのが、ポーラ グランラグゼⅡ。美容の世界でも注目されていたオートファジーは、生きた細胞が細胞内の不要なタンパク質を分解し、自らの栄養源として再利用するシステム。大隅良典栄誉教授(東京工業大学)が、この分野の研究で平成28年のノーベル生理学・医学賞を受賞。美容の進化を実感させた。

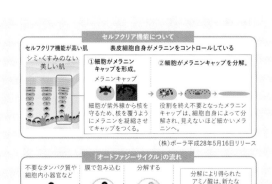

平成21〜30年の
ヘア&メーク

すっぴん風

EYEBROW
直線に近い自然な形に自眉を活かして整える。ペンシル、マスカラ、眉ティントなど複数アイテムを使ったナチュ太眉。

LIPS
リップラインはとらずに、色味をおさえたグロスを中央に指でポンポンと置く。

SKIN & CHEEK
濡れたようなツヤ肌。リキッドファンデーションで抜け感、透明感を保ちつつ、シェーディングやハイライトで巧みにつくり込んでナチュラルな立体感を出す。チークもツヤを重視した自然なピンクを頬の高い位置にさりげなく。

HAIR
手ぐしでふんわりと空気を含ませた軽く動きのあるボブ。

EYE
目のキワのまつ毛の間をうめるように入れた細いアイラインでさりげなく目ヂカラアップ。マスカラやつけまつ毛もつけていることを感じさせない程度に。ジェルタイプのブラウン系アイカラーでまぶたにツヤ感を与える。

ほてり

EYEBROW
自眉を活かしながらも少し眉根を寄せ、困ったような平行眉。パウダーアイブローでふんわりと太めに描く。

LIPS
グロスやティントリップのようなシアーな赤を、唇の中央に指でポンと置いたグロッシーなツヤリップ。

HAIR
編み上げた後に髪を引き出してあえてほぐした、空気感、抜け感のあるハーフアップ。

EYE
ハイライトで涙袋を強調。ピンクシャドーに赤ライン、下まつ毛には赤いカラーマスカラでうるんだような目もとに。

SKIN & CHEEK
明るめのリキッドファンデーションと赤みの強いチークで、内側からの血色を感じさせるような透明感のある肌。チークは目の下から横広がりに丸く広げて、自然と上気したような赤い頬をつくる。

プロのテクニックが私のものに

YouTubeやInstagramなどのSNSの世界には、メークテクニックのヒントがあふれている。雑誌で人気のメークアップアーティストたちもインスタ公式アカウントでテクニックを披露。質問にコメントで答えてくれる。YouTubeでは、美容YouTuberが素顔から完成までのメークプロセスをアップ。試して良かったコスメや、自身のコンプレックス解消テクの動画は、すぐに取り入れやすい。難しそうに見えるヘアアレンジも動画で手順を教えてくれるので、マネしやすい。また、SNSに投稿するときにたくさんの「いいね」がもらえる撮影のコツも紹介され、「見て、シェアして発信する」ことが日常となった。平成も終わりに近づくと、雑誌でもインフルエンサーのメークテク記事や、動画連動記事の掲載が増えてくる。ミューズが身近になったのと同じように、メークのお手本も身近なインフルエンサーに変化した。インフルエンサーたちが編み出した「私がかわいく見える」ノウハウは多くのシェアを獲得していく。

新しい
美容の登場

人生100年時代に突入、いかに健康で充足感のある社会生活を継続できるのかに関心が集まっている。食べ物に気を配り、足りない栄養素はサプリで補強、「貯筋」にもいそしむ。このような美容と健康のための習慣は、「私にとって最も正しい方法」で効率的に行いたいというニーズから生まれている。パーソナルトレーナーによる個対応のトレーニングやダイエットプログラムなどへの思い切った投資をはじめる人も増えている。また長い間、なかなか人と共有されなかった更年期にも、どのように向き合うか、大切な課題として正面から語られるようになった。

boom 1 / インナービューティー

平成初期に、スポーツ分野から導入がはじまったサプリメント。当初サプリは外食やインスタント化により、正しい食習慣の継続が難しくなる中、必要な栄養が手軽に摂取できることで受け入れられた。単一機能のものはコンビニでも比較的安価に手に入り、必要な栄養、ミネラルなどを選んで購入できるようになった。近年、食品への関心は高まり、国の審査を受けたトクホ（特定保健用食品）や保健機能食品の表示認可を受けた機能性食品の発売が盛ん。新しい栄養成分やスーパーフードにも注目が集まっている。平成19年ミス・ユニバース世界大会で、日本代表の森理世が1位になったときには、ミス・ユニバース・ジャパンの公式栄養コンサルタントの存在が話題になった。美の頂点には最先端の栄養学が必要なのだということが啓示されたのである。細胞の機能を最大限に維持する働きがあるものの、体内で生成できないオメガ3系脂肪酸は、アマニ油をサラダにかけて。抗酸化作用のあるポリフェノールを多く含むアサイーはおしゃれなアサイーボウルで。食材の力で身体を内から整えることがインナービューティーの賢い選択として共感されている。

エリカ・アンギャル
『世界一の美女になる
ダイエット』（幻冬舎）

boom 2 / トレーニングもパーソナライズ

若年層からシニアまで健康美の観点で「貯筋」の時代、しなやかな筋肉のついた身体を目指したボディメークがブーム。専任のトレーナーがつくことで、目的や目標に向かい最短で無駄なく到達でき、忙しい生活にも取り入れやすい。カウンセリングにより、エクササイズから食事管理までトータルにサポートするプログラムは、効果実感も早く、モチベーションも高まる。何より、キレイになるための方法をカスタマイズするパーソナルトレーニングは、私を大事にする「正しく賢い選択」ができたという満足感も与えてくれる。

boom 3 / 更年期

女性であれば誰にでも訪れる更年期。平成末の10年間、雑誌では身体や肌に現れる変化を知った上で更年期と上手につき合うという記事が増加。更年期は平成がはじまる頃には「不定愁訴」というとても辛そうな（！）表現をされていて、話題にするのは少しはばかられる、一人でそっとガマンする問題だった。けれども、今は、社会の第一線で活動しながら迎える女性の身体の変化を、どう受け入れていくかがみんなの関心事となってきた。専門家の意見、先輩からの応援メッセージは、悩みを抱える女性の心を力強く後押ししてくれる。また、人生100年時代を迎え、「ポスト更年期」というワードも登場した。ホルモンバランスが大きく変化した、その後の時期を乗り切るための、肌や全身のケア、メンタルケアなどの対処法が、雑誌にはエールとともに取り上げられている。

令和に向けて

平成の終わりに突きつけられた「人生100年時代」。余生というライフステージは突然消えてしまった。社会の一員として活動する人生の時間が延び、仕事や家庭、健康、そして自分らしさをいかに表現するかについても刷新を迫られることになった。
その中で、ビューティーの概念にも変化が起きている。たとえば近年話題となっているグレイヘアは、年齢軸にとらわれない「自分らしさ」の表現として、「若見せ」の終焉や「髪を染めることはマナー」という社会的概念からの開放ともいえる。また、東日本大震災以降のサステナビリティへの関心の高まりや、生活者としてエシカルでありたいという思いも、美の基準や価値観、表現を変えるきっかけとなっている。
化粧品は「与える」「補う」「抗う」ものから「肌本来の力を引き出す・高める」という方向に進化した。また、化粧品業界を挙げて、薬機法の枠組みを変える取り組みが行われ、「シワ改善」訴求を可能にした価値あるイノベーションが起きたことは、平成をしめくくるにふさわしいニュースだった。一方、化粧する人の思いや身体への働きかけに着目した、「化粧が脳科学や免疫、こころ、そして生き方と緊密な関係をもつこと」への気づきは大きな共感を呼んでいる。
そして迎えた令和。化粧や美容は「これからの私」にとってより快いもの、大切なものとなるのではないか。さまざまな可能性と選択肢を豊かに提示しながら、私にさらに自然体で寄り添っていく存在になるだろう。

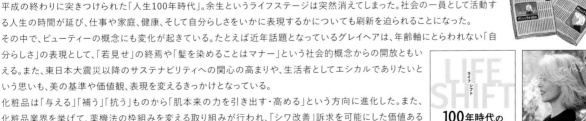

リンダ・グラットン／アンドリュー・スコット（著）／
池村千秋（訳）『LIFE SHIFT』（東洋経済新報社）
『パリマダム グレイヘア スタイル』（主婦の友社）

平成から令和へ。
この時代に立ち会うことができた私たちは、
女性としてこの上なく幸運である!

―― 美容ジャーナリスト／エッセイスト　齋藤 薫

30代40代が「女の主役」

　美しくなりたい、若くありたい……人類がそういう願望を持ち始めたのは、一体いつのことなのだろう。具体的には、"道具としての鏡"を使い始めるようになるあたりから? とすれば、それは人類史のほとんどを生き続けてきた人間の本能と言うべきものなのだ。

　どちらにせよ「不老不死」は私たち人間が持たされた宿命的な願望、それが何十万年という時を経て、ようやくようやく叶い始めたのが、奇しくも平成という時代……そう言ったら、極論に過ぎるだろうか。ただ少なくとも、「若くありたい」という永遠のテーマに関して言えば、この平成の間に、歴史ははっきり変わった。明らかに過去に例を見ないほどのレベルで、人間は若さを保てるようになった。それだけは確かなのである。

　言い換えれば平成は、美容において最も重要な30年間だったということになる。そこに立ち会えたことは、女性としてこの上なく幸運であったと思うほどに………。

　そういう意味でも平成最大の出来事は、「女性の年齢観が大きく大きく変わったこと」、そこから話を始めるべきなのだろう。まずは、30代40代が「女の主役」になったこと。今となってはもう感覚的に信じられない話だが、つい最近まで、30代はすでに立派な中年だった。20代こそが「女の現役」であり、否応無しに「30代はもうオバさん」と思うしかなかったのだ。

　唐突だけれど、サザエさんの年齢を知っているだろうか? なんと24歳である。昭和20年代に連載が始まった時の年齢観はそんな風だったのだ。まさに昭和の物差し! しかし結婚してミセスになったら、髪を切ってパーマをかける的な"らしさ"の押し付けも含め、この古い年齢観は昭和の後半まで厳然と生き続け、平成に入ってもくすぶるように続いていたが、それが一気に動き出すのは、平成に入ってしばらくした頃。

　忘れもしない、ある女性誌で「35歳は女の主役!」という大きな企画を組んだのだ。それこそ30代も半ばにもなれば、もう女としての現役意識はなくなる時代であったことを、それは逆説的に物語るが、ともかくこの時「35歳はまだまだ全然若いのだ」ということをあの手この手で提唱した。そうやって強くメッセージ

Beauty journalist
Essayist

Kaoru Saito

女性誌編集者を経て独立。女性誌において多数の連載エッセイを持つ他、美容記事の企画、
化粧品の開発・アドバイザーなど幅広く活躍。『Yahoo!ニュース「個人」』でコラムを執筆中。
『大人の女よ!もっと攻めなさい』(集英社インターナショナル)他、『"一生美人"力 人生の質が
高まる108の気づき』(朝日新聞出版)、『されど"服"で人生は変わる』(講談社)など著書多数。

してあげなければ、35歳の女たちは自分がまだ若いことを知らなかったからである。

しかもそれは、闇雲な提唱ではない。当時もう35歳を過ぎていた松田聖子が、その年齢でまだ堂々のアイドルを張り続けていることが、生きた裏付けとなったのは事実。その人が、ふわふわのミニドレスを着て、ぬいぐるみを背中に背負ってステージをスキップしていることは、いかに特異なケースとは言え、同年代の女性たちに一種の目覚めをもたらすのに十分なインパクトを持っていたのだ。

これに続いて、40代に入ってからの黒木瞳という人も、日本女性の年齢観が大きく変わるきっかけを作った人だった。あの「失楽園」で再注目を浴びたのち、40代で20歳も年下の男性と恋愛するドラマのヒロインを演じ、40代女性にまだ若い男と恋をしても良いのだと言う気づきを与えた。それがまた、30代どころか40代こそ、女の主役であると言う、数年前には想像もつかなかった全く新しい年齢観をもたらしたのだ。

世界的にも、40代のシャロン・ストーンが、スキンケアコスメのミューズとなって「20代の頃より、40代の今の方が美しい」と自らを称えるメッセージを発したことが、大人美の覚醒につながった。

美魔女の出現

それをさらに決定的なものにしたのが、『美STORY』というアラフォーからの美容雑誌が、美魔女を選ぶコンテストを行ったこと。

まるで魔女のように年齢を超越していることから「美魔女」と呼ばれたアラフォー女性たちが、水着を身につけて、臆することなく美を競う姿に、古い年齢観はもう完全に終わったことを誰もが思い知らされたものだった。

やがて平成が終わる頃には、美魔女が街に溢れていたが、美魔女10周年を記念しての、クイーンオブ美魔女を選ぶコンテストにおいて再び勝者となった人は、今は53歳になっている第一回の入賞者。それは新たな時代の訪れ。40代主役説どころか、50代までが女の主役になりつつあるのを示唆したのである。

次世代整形「プチ整形」の進化

でもなぜここまで劇的に、年齢観は変化を見せたのだろう。一気に10歳、20歳分の印象年齢が塗り替えられてしまう、そこには相当の熱量が必要となるはずだ。

1つには、冒頭でも述べた"若くありたい本能"が、何かのきっかけで秘めたるエネルギーを一気に放出したからに違いなく、それはやはり若返りのテクノロジーが平成に劇的な進化を遂げたからに他ならない。"アンチエイジング"が化粧品になり、美容整形も含めて確固たるカテゴリーを形成したのは20世紀、昭和の時代だったが、それが本当の効果を生むことになるのは、ズバリ平成なのだ。

化粧品のエイジングケアが、効果として目覚ましい進化を遂げたのは言うまでもないけれど、平成における最大のエポックメイキングは、やはりなんといっても美容医療が一気にポピュラーなものとなり、「プチ整形」というアプローチが生まれたことだろう。それがかつては賭けのようにリスクを伴った"若返り"を、がぜん安全でリアルなものにしたのは間違いないのだ。

説明するまでもなく、「プチ整形」とは、"メスのいらない、切らない美容整形"、ヒアルロン注射やボトックス、レーザー治療といった施術の登場を意味するが、それらは失敗なく、罪悪感もなく、人を若返らせることに成功している。昭和までの美容整形手術は、今振り返れば危険がいっぱいで、失敗も多かったとされる。何より自然な仕上がりなど望めるわけもなく、やったことが100%バレバレの変化に加え、仮にびっくりするほど美しくなっても時間とともに崩れていきがちだったと。

それがプチ整形は、切らずに一時的な変化をもたらすだけで、元に戻ってしまうデメリットもありながら、仮に失敗してもそれを回避できる上に、キホン自然な仕上がりと、大きなメリットを備えていた。特に若返りという面で、プチ整形の出現は、まさに歴史的な革命だったと言っても良い。別人のように顔を変えることができない代わりに、その人が若かった頃の顔を再現するのには最適で、それによって運命を大きく変えることになったのが、時代の女優たちではなかったかと思う。

その具体的な例を挙げるなら、やはりハリウッド女優のケースが見た目にもわかりやすいのだろう。20世紀のハリウッドには、「美人女優40歳定年説」があり、美貌で鳴らした女優ほど、30代半ばを過ぎるとたちまち出番が減り、母親役か脇役か、さもなければ性格俳優の道をたどるしかなく、肩たたきもあったとされる。しかし、かつて絶世の美女の称号をほしいままにしたエリザベス・テイラーほどの大女優になるとそうした転身が難しく、42歳で公開された「別離」という映画では、主役ではあったものの、離れゆく夫の気持ちをつなぎとめるために全身整形をするちょっと哀しい妻の役。皮肉にも、この作品には実際に整形をして臨んだとも言われた。やがてどんどんふくよかになるのに加え、まだ完成度が低かったリフトアップで、大きく風貌が変わり、映画へのオファーはめっきり減っていった。絶世の美女でさえ年齢には勝てず、それどころか80年代までの美容整形は多くの不幸を産んだのだ。

もちろんプチ整形も、最初の頃はやはり未完成で、ヒアルロン酸の入れすぎで顔が変わってしまうことがスキャンダラスに取りあげられる大スターが跡を絶たなかった時期もある。ところが、10年ほど前は"注入のやり過ぎ"で未来が危ぶまれたニコール・キッドマンやレニー・ゼルウィガーが、アラフィフとなった今、施術の進化もあって、また自然な顔立ちを取り戻した。彼女たちが50代で再ブレイクを果たし、改めて主役を張っているのは、そうした次世代整形「プチ整形」の進化があってのこと。いずれにせよ平成の間に、プチ整形はほぼ完成を見て、若い顔へのナチュラルな若返りは、コストパフォーマンスを含めて、極めて身近なものになっていったのだ。

実はこの美容医療の進化は、化粧品の存在を脅かす危険性を孕んだために、刺激を受けた化粧品は研究開発のスピードを2倍3倍にしたとも言われる。まさにその相乗効果で、平成美容は多大な恩恵を受けることになったのだ。まだ記憶に新しい薬用シワ改善はもちろん、人工皮膚を作るようなテクノロジーから、ベースメイクによるボカシの進化まで、毛穴も小じわもたるみもない均一肌を作る美容は、当然のこととして女性たちに計り知れない自信を与えたはずである。

一方で、印刷のCG処理の進化は、女性誌メイクページのモデルの肌から毛穴をすっかり消してしまい、美肌の水準を上げることになる。それがまた女性たちのスキンケアやベースメイクに対するモチベーションを大幅にアップさせたのも、平成美容の特性の一つなのだろう。

かくして、平成は名実ともに「年齢革命」を起こした歴史的な30年だったわけだが、でもその一方、平成は世の中と人々の意識が目まぐるしく変わる、激動の30年でもあった。それをそっくり描き出してきたのが、じつは平成のメイクアップなのだ。

平成の価値観とメイク

年号が平成に変わると間も無く、弾けたバブル。そのバブル時代の象徴であるワンレン、ボディコン、太眉赤唇の強めフルメイクは、バブル崩壊後もしばらくは続いていたが、やがてその反動のように、細眉とダークカラーの口紅に象徴される"アバンギャルドな媚びないメイク"がトレンドに。それこそ、男に媚びない、世間に媚びない強靭な女をメイクで装った一時期があったのだ。

しかし平成7年に阪神淡路大震災、平成13年に9.11、アメリカ同時多発テロが発生し、全員がこれまで経験したことのない不安に襲われたはず。今目の前にある平和も、一瞬で壊れてしまうかもしれない可能性を誰もが感じ、ここで価値観が大きく転回していったと思われる。ただ不安はありながらも、まだまだみんな貪欲だった時代、その表れなのか、女性の価値観はある種の安定志向に向いていき、再生ムードも手伝って何故か空前の合コンブームへ。従って平成の中盤は、モテ服、モテ髪、モテメイク、「女子力」の名のもとに、みんなせっせと女を磨いた。

ところが平成20年、リーマンショックに見舞われると世界中が不景気に陥り、その余波は日本の若い女性たちにもくまなく届く。贅沢してはいけないという気運が生まれ、これがファストファッションやプチプラコスメといったものの発展につながっていくのだ。

そしてメイクからも力みが抜け「ゆるふわ」あるいは「大人かわいい」といったキーワードとともに、フェミニンな幸せ顔が一つの主流となっていく。ただそれもつかの間平成23年、日本は未曾有の大災害、東日本大震災に見舞われることとなり、ここでまた価値観が大きく変わったのは言うまでもない。

本当の大人の美しさとは

これまで何の疑問もなく当たり前に続けてきたスキンケアやメイクにさえ、一抹の後ろめたさを感じた女性たちは、今の自分たちにはもっと大切なことがあるのではないかと自分に問いかけたりした。女性たちが、人類の歴史上初めて「美しくなること」にも、疑問を持つ一瞬がそこにはあったのだ。美しさとは何なのだろう。人はなぜ美しくならなければいけないのだろう。その前に自分が備えていなければならないものは何なのだろう。そういう美の本質を、初めて見直してみる機会を得たのだった。

もちろん時間が経つにつれ、そういう戸惑いは薄れていったが、それでも自分の価値観を客観的に見つめてみた経験は無駄にはならなかったと思う。今日もまた今日という日がやってくる、その当たり前のことに感謝するような気持ちが生まれたのは確

かなのだ。もっと言えば、命あることの意味、命の定義を改めて考えさせられる出来事だったから。

自然に湧き上がってくる正義感、世の中のために自分ができる事は何なのかと模索するまでの使命感、そういうクリーンな精神性も、人が美しくなる上で備えていなければいけないもの、それに気づかされただけでも、日本人の美しさはこの時、明らかに進化したはずなのだ。

時代の潮流とは言え、それからはエフォートレス……「抜け感」という言葉が、ファッション界はもちろん、メイクの世界でも目立つようになっていった。頑張り過ぎないことがセンスにつながることは、洗練のゆるぎない法則に他ならないが、もっと深いところで、私たちは抜け感の大切さを知ることになったのではなかったか。

美しさとは、人を威圧したり、疲れさせたり、また萎縮させたりするものであってはいけない。逆に人を安心させ、心地よくさせるものでなければいけない。それを心の奥底で感じ取ったからこそ、本当の意味の抜け感を身につけ、人を包み込むような美しさに目覚めることができたのではないだろうか。

日本は依然としてコスメフリーク大国である。美容に一生懸命な女性は今なお多い。けれども、日本人の美しさには、自分だけ美しければいいという独りよがりな気持ちは、あまりもうない気がする。それも平成という時代が、戦争も何もない、平和という下支えがあったにもかかわらず、実は波瀾万丈で、少なからず苦しみを伴った時代だからこそ、人々はその境地に行き着けたのだ。

一方で、平成は大人の女性の美しさを、かつてないほど賞賛した。大人の美しさとはまさに、単に肌や顔立ちが美しいだけではなく、文字通りの内面からにじみ出る美しさ、それが伴わなければ、真実の美とは言えないと……。美しさを語るとき、必ずと言っていいほど絶対条件のように語られる "内面の美しさ"、期せずしてそれが自然に湧き上がってきたと言えるのだろう。本当の大人の美しさが、そこに確立したと考えて良いのだ。

人生100年時代の手続き

大人美の確立、それはまた別の意味で、見事なタイミングだったと言うべきなのだろう。なぜならば平成の最後の年、奇しくも絶対のキーワードとなったのが、「人生100年」。医学の進歩は、それまでの「人生80年」をいきなり100年に書き替えたが、突然の更新は、大人たちを驚かせたはずだ。まず最初は、寿命が20年伸びたことに皆大いに喜び、希望に胸を膨らませたはずだが、ひとたび冷静になると今度は様々な不安が押し寄せる。お金の問題、健康の問題、そして百歳の自分は一体どんな風貌になっているのか、想像がつかずに思い悩んだかもしれない。

だからこそ、平成のうちに大人美がきちんと評価されたこと、50代でも女の主役たりうる可能性が示唆されたこと、これはとてつもなく重要な、"人生100年時代の手続き" になったと言っていい。100年人生を生きていく上で、それは計り知れない自信につながる。生きる勇気につながる。おそらくそうやって年齢印象が継続的に塗り替えられていけば、いずれは60代70代までが美しい年代として注目を浴びる日が来るのだろう。そういう年齢観の変化に、乗り遅れないで欲しい。それが100年人生を充実したものにする大切な決めてなのだから。

考えてみてほしい。昭和の初期の平均寿命は60年、それが平成の初期は80年となり、そして令和には100年となるのだろう。ちなみに人間は、何の障害もなければ120年を生きることになるらしい。そういう年数の重みに、身も心も辛くなったり、耐え難くなったりすることがあるのかもしれない。それでも私たちは生きていかなければいけない。これからの長い長い人生を。だからそのためにこそ、自分自身の更新が必要なのだ。そうやって寿命が伸びるたびに、自分の中の年齢観もちゃんと書き換え、自分の見た目も塗り替えていかなければならない。そうしないと、生きるエネルギーは生まれないから。

大丈夫。100年人生までを現実のものにするくらい、人間は進化する生き物なのだから。

幸い、心が好奇心や希望を持てば、肌が弾力をもち表情ごと若返ること、笑顔の数だけ免疫力が高まること、好感度の高い顔を作ることがすなわちエイジングケアであることなど、人間の顔にまつわる不思議な仕組み、まさしく不老不死に向けての潜在能力が、今次々、科学的に証明されている。おそらくこの先もっともっと素晴らしい能力が発見されることだろう。おそらくは驚異のスピードで。

令和では、5Gが始まり、自動運転や人工知能を手足にする生活が現実となる。美容でも奇跡が起きたって不思議じゃない。何しろ潜在能力の9割は、まだ私たちの中で眠っているのだ。それを一つ一つ揺り起こすことで、人間は今の姿からは想像もつかない位に美しさを進化させるはずである。それを自ら積極的に見つけていくつもりで、これからの人生100年を生きて欲しい。

人間は「老化していく」だけではない。「進化していく」という、もう1つ、全く別の前向きなベクトルを備えていることを、忘れてはいけない。老化という宿命には勝てなくても、だったら進化していけばいい。ワクワクしながら、自分自身の中で奇跡を起こすつもりで。

DATAからみる**ビューティーの変遷**

— 平成30年間の女性の意識・行動

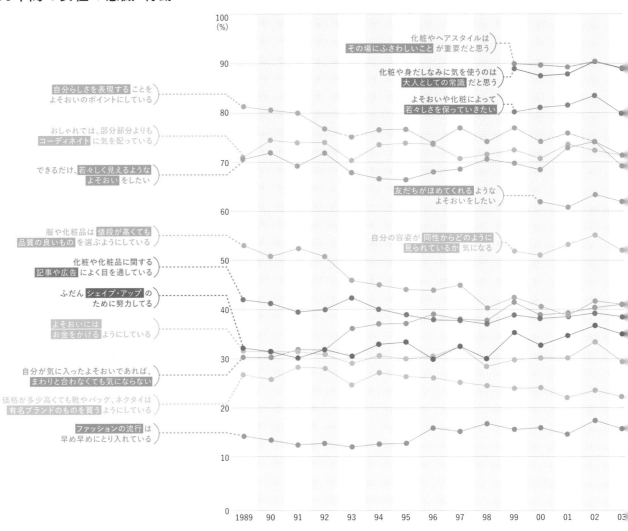

自分らしさを表現することを
よそおいのポイントにしている

おしゃれでは、部分部分よりも
コーディネイトに気を配っている

できるだけ、若々しく見えるような
よそおいをしたい

服や化粧品は値段が高くても
品質の良いものを選ぶようにしている

化粧や化粧品に関する
記事や広告によく目を通している

ふだんシェイプ・アップの
ために努力してる

よそおいには
お金をかけるようにしている

自分が気に入ったよそおいであれば、
まわりと合わなくても気にならない

価格が多少高くても靴やバッグ、ネクタイは
有名ブランドのものを買うようにしている

ファッションの流行は
早め早めにとり入れている

化粧やヘアスタイルは
その場にふさわしいことが重要だと思う

化粧や身だしなみに気を使うのは
大人としての常識だと思う

よそおいや化粧によって
若々しさを保っていきたい

友だちがほめてくれるような
よそおいをしたい

自分の容姿が同性からどのように
見られているか気になる

▶ よそおいにはお金をかけるようにしている

▶ 価格が多少高くても靴・バッグ・ネクタイは **有名ブランドのものを買うようにしている**

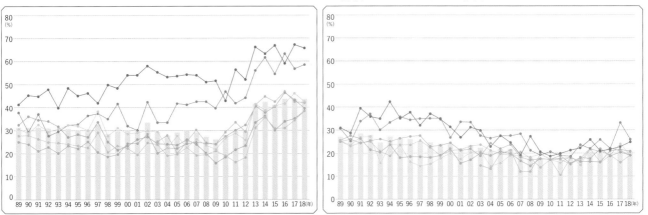

おしゃれへの投資についての意向を年代別に見てみよう。「よそおいにはお金をかけるようにしている」は、全年代で上昇。中でも18〜24歳、25〜29歳の若年層は上昇率が大きい。平成初期の頃の女子たちと比べても、おしゃれに関する選択肢や情報量が圧倒的に多い中、イマドキの女子たちが多様なアクティビティの中からよそおいを重点化していることは興味深い。一方、いわゆるブランド品志向は低減傾向。平成初期は若年層の3〜4割が「有名ブランドを買うようにしている」と回答していたことは時代をよく表している。平成15年頃から年代別の差は縮小し、リーマンショック後の平成21年には20％前後に集約していく。

━●━18〜24歳 ━●━25〜29歳 ━●━30〜39歳 ━●━40〜49歳 ━●━50〜59歳 ━●━60〜69歳 ━●━70〜79歳 ▨全体

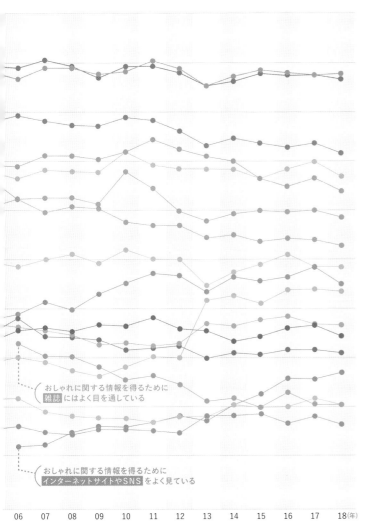

美容やよそおいに対する女性の意識や行動、価値観は、
30年間でどのように変化してきたのだろう。

・高い項目
化粧やヘアスタイルは
その場にふさわしいことが重要だと思う
化粧や身だしなみに気を使うのは大人としての常識だと思う

・低い項目
ファッションの流行は早め早めにとり入れている

・上昇した項目
よそおいにはお金をかけるようにしている
自分が気に入ったよそおいであれば、
まわりと合わなくても気にならない

・下降した項目
服や化粧品は値段が高くても品質の良いものを
選ぶようにしている
自分らしさを表現することをよそおいのポイントにしている

情報収集の手段にも平成後半大きな変化がみられた。
おしゃれに関する情報を得るために
「雑誌にはよく目を通している」32.9→**20.3**%
「インターネットやSNSをよく見る」12.1→**26.9**%
データが逆転したのは**平成27年**。

▶ 自分が気に入ったよそおいであれば、
まわりと合わなくても気にならない

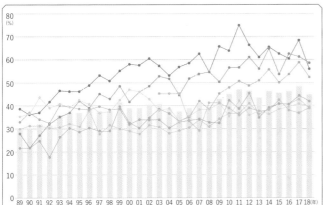

▶ 自分の容姿が
同性からどのように見られているか気になる

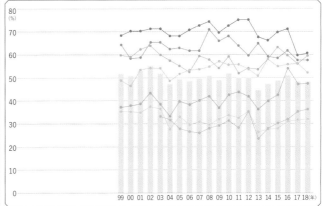

自分のよそおいについて誰かの目を意識するか、も年代別に見ると興味深い。「自分が気に入ったよそおいであれば、まわりと合わなくても気にならない」は、ほぼ全年代で最も上昇している項目。一方、よそおいに限定はされていないが、「自分の容姿が同性からどのように見られているか気になる」は年代差が顕著。若い世代では微減傾向にあるものの、50代以降では平成後半から上昇トレンドがみられる。平成22年からの「美魔女コンテスト」や通販での頻発ワード「若見え」「年齢肌」「何歳に見えますか?」なども「見られ方への意識」に影響があるのだろうか。

※(株)リサーチ・アンド・ディベロプメント実施調査「CORE®」より、18歳以上の女性約1,500人を分析(対象年代は1989〜2002年18〜69歳、2003〜2012年18〜74歳、2013〜2018年18〜79歳)

25～39歳のうるおいアップを発見

（株）ポーラでは、平成2年5月から日本全国の女性のスキンチェックデータ（16歳以上）を蓄積してきている。肌分析ブランド アペックス・アイ（現アペックス）の発売以来、約30年の間、47都道府県、年齢別の肌データを収集、分析、開発に活用してきた。この蓄積してきた約1,800万件（平成31年1月現在）の肌のビッグデータから「女性の美しさが加速している」といううれしい事実が明らかになった。30年間のデータのうち、分析・解析手法が同一である平成11年2月～平成30年12月の約20年間の「肌のうるおい」に関するデータを解析したところ、25～39歳女性の「肌のうるおい」が年々高まっていることが発見されたのだ。

この年代は、結婚出産育児…と女性のライフイベントも多く、多忙な時期とされてきた。ところが平成30年間を通して、急激に就労率が高まり、未婚率も増加するなど、生活スタイルが大きく変化し、仕事、家事、育児…と多忙な世代であるにもかかわらず、肌のうるおいは高まり続けている。下図の月別平均値（グレーの折れ線）は、うるおいのパラメータである「角質のはがれ具合」の月別変化を示したもの。このうるおいのパラメータは日本の四季に合わせて夏は良化し、冬は乾燥により悪い状態にと波打つように変化している。このような季節による変化をくり返しながらも、年々上昇傾向にあることがわかったのだ（12ヶ月移動平均法による検定より）。この「角層のはがれ具合」というのは、順調なターンオーバーによってうるおいを保つ機能が高い肌では、角層細胞は最外層から順にはがれるものの、乾燥していると角層細胞が塊となって重なってはがれることに着目したもの。このはがれ具合を5段階スコアで分析する「角層分析法」をポーラ化成工業株式会社が確立（平成3年SCCS＝日本化粧品技術者会で優秀論文賞）。肌のうるおいを分析するための重要なパラメータのひとつとして活用してきた。

25～39歳　角層細胞のはがれ具合　月別変化（うるおいのパラメータ）

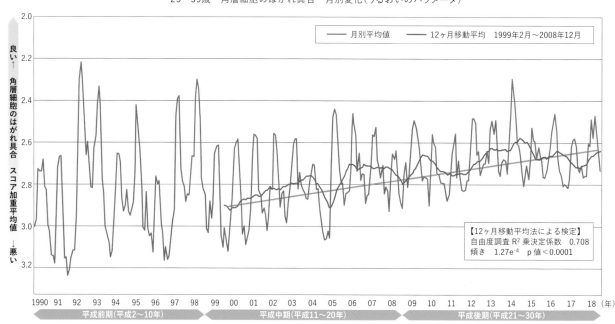

※（株）ポーラリリース2019年9月

「肌のうるおい」が高まった要因は?

平成女性のライフスタイルの大きな変化は、下図の「女性の年齢階級別労働力率の推移」からもよくわかる。出生率グラフなどとともに、女性のライフスタイルの変化を示すものとしてよく紹介されているもの。

平成初期は「Mの字の谷」という表現がよく使われた。25～39歳は「寿退社」、「第1子出産退職」というのが昭和の頃の定番だったが、そのM字カーブの谷がなくなり、台形へと変化したのが平成。未婚者が増え、キャリアを積み、また、結婚・出産しても仕事を続けることが増えてきた。多忙や人間関係の複雑さ、ストレス増加といった状況のなか、肌のうるおいは低下しているのでは?と予想したものの…結果は逆だった。

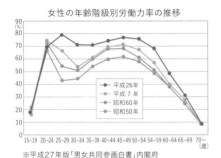

女性の年齢階級別労働力率の推移

※平成27年版「男女共同参画白書」内閣府

美容手段の多様化

平成初期の若い世代は、夏はアウトドアを楽しみ、小麦色の肌になることが美の定番とされていた。夏になると新しい水着を買って日ヤケを楽しみ、屋外のレジャーを満喫した。しかし中期（平成12年）以降、急激に美白意識が高まり、年間を通じてUVケアを行うようになって日ヤケによる乾燥がおさえられるようになってきたようだ。

韓国ビューティーへの注目度も徐々に高まった頃で、シートパックによる保湿も一般化、低年齢化が進んだ。平成30年にポーラ文化研究所が実施した調査によると、シートパックの使用率は15～74歳全体では48%に対して、20代では60%、30代でも54%と高い傾向だった。

また、エステに対する意識も「ごほうび・非日常」と特別なものであったのが、今では「エイジングケアの日常化」が進み、ケアのひとつの手段として取り入れる方向へと変化した。高級クリームに注目が集まるなど多様化する美容手段や、スペシャルケアアイテムを積極的に取り入れていることも、うるおいが高まっていった要因と考えられる。

スキンケア意識の変化

ポーラ文化研究所が平成23年に行った調査によると、「スキンケア化粧品を重視する」人（とても重視している＋重視しているの計）の割合は、15～64歳全体では52%であったが、20代前半では60%、20代後半は58%、30代前半で59%と、素肌の美しさへの関心が高いことがわかる。また、30代前半は「とても重視している」人の割合が29%と最も高いのも特徴。この年代を属性別に見ると、専業主婦よりも有職者のスキンケア化粧品投資額が高い傾向にあった。女性の社会進出が進んだ平成。メークだけでなく、素肌への関心の高さがうるおいアップへとつながったのではないだろうか。

20代女性の「美白度」V字回復、さらに加速

2000年を境にV字に良化した20代女性の「見た目のシミ」（ポーラスキンチェックデータより）。2012～2018年にかけて、さらにシミの状態は良化し、「美白度」傾向が加速していることがわかった。気象庁データによると、近年、紫外線量が増加。美白肌キープの難易度は上がっている。にもかかわらず、20代女性の肌は「見た目のシミ」が良化し、透明感と明るさがアップしていることはまさに朗報!

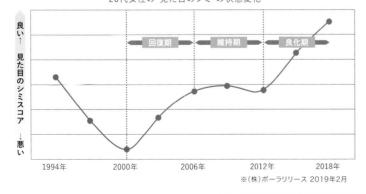

20代女性の"見た目のシミ"の状態変化

良い↑見た目のシミスコア↓悪い

回復期　維持期　良化期

1994年　2000年　2006年　2012年　2018年

※（株）ポーラリリース 2019年2月

回復期　1990年に流行した「小麦肌」「ガングロ」の一時的ブームが過ぎ、UVケアへの意識が高まった時代。美白成分や処方技術の進歩により、より効果の高い美白コスメやサンスクリーンが誕生したことも要因。

維持期　高いUVケア意識が定着。美白コスメは単なる白さだけではなく、内から輝きを放つ「透明感」をうたうように。2013年1月からはUVカット技術の向上により「PA++++」表示製品も登場。コスメに限らず、手袋・帽子・日傘・スポーツウエアと生活のあらゆるシーンでケアが浸透。

良化期　UVケアを通年で行うことが一般化してきて20代のUVケア品使用率は83%超。また10代からSNSで日常的に美容情報を収集。スキンケアやメークに興味をもち、美肌の女性に憧れ、お手入れレベルが上がっている。また、ニキビが悪化することが炎症性の色素沈着（シミ）につながることも知られてきて、ニキビ対策の意識が高まったことも大きい。クリニックでの治療や一般治療薬でのケアにより、早めの対策ができていることも透明感アップにつながっているよう。

あなたの美白を
もっとサポートする情報

うっかり日ヤケは
冷やして保湿

塗りモレ・
塗りムラを防ぐ
日ヤケ止め
テクニック

肌荒大気に※
着目した洗顔法
※ポーラの造語

※動画は予告なく変更・削除される可能性があります

43

美白肌が目指すもの

はじめに

「美しく白い肌」への憧れは、古く平安時代まで遡ることができる日本のビューティーの原点。「玉のように美しい」と形容される白い肌の実現のためのノウハウが平安時代の記録にも残っている。江戸時代後期の美容書『都風俗化粧伝』にも、「肌の色を白くする」ためのスキンケア法や白肌に見せるための効果的なベースメーク、さらには美肌を保つための食事指導まで詳細なオススメが掲載されていて、そのいくつかは現代の美容理論に近い方法であることに驚かされる。

日本人の美白信仰が大きく変化したのは、第二次世界大戦後。欧米の生活スタイルへの憧れは強く、当時の美容家たちも「小麦色の肌」の魅力をビューティーブック（美容書）や雑誌や新聞の美容記事で伝えている。昭和30年代後半から40年代後半にかけ

ポーラはずっと美白
（1972年ポーラキャンペーンポスター「白い思い出」）

て、化粧品メーカーは小麦色の肌を前面に打ち出したスタイリッシュな宣伝広告を展開、「小麦色の肌はおしゃれ」という新たな流行を作った。そしてやってきた昭和60年代の女性の海外旅行ブーム。航空会社やアパレルメーカーはこんがりと小麦色に日ヤケした、健康美をアピールするキャンペーンガールを起用。夏になると毎年新しい水着を買い、ビーチやプールで焼く…「小麦色の肌＝楽しい夏を満喫した証し」というイメージが定着した。

とはいえ、急激な日ヤケは肌や髪にダメージを与え、当然その後の乾燥やシミ、シワの悩みも多かった。8月末発売の女性雑誌では、ホワイトニング化粧品を使った上手なケア方法が、アフターサマーの美容記事の定番だった。

紫外線を浴びることは有害という啓蒙

昭和50年代から紫外線が身体に与える影響が問題視されるようになる。オゾンホールの出現、拡大により、強い紫外線を受けたオーストラリアなど南半球の国で皮膚ガンが増加しているというショッキングな報道があり、平成10年には母子手帳から赤ちゃんの「日光浴」を推奨する文章が消えて「外気浴」となった。日ヤケ止めクリームを使用する、サングラスで網膜を保護する、UV遮蔽率を表示した衣類や小物を活用するなど、紫外線から身体を守る必要性が啓蒙され、その手段が拡大していった。気象庁は紫外線量を指標化したUVインデックスを毎日発表しているが、観測をはじめた平成2年以降、外出を控えるなど特に配慮が必要な「UVインデックス8」の日が増加傾向にあることがわかっている（注1）。

白肌か小麦肌か、平成初期の葛藤

平成初期は小麦色の肌ブームと、紫外線対策への意識の高まりが交差した時期だった。「肌の色」を雑誌から読み解くと、「やっぱり夏は小麦色派」と「夏でも白肌を守りたい派」が混在していた

白 浮世五色合
応需 国貞改二（三）代豊国　弘化4年（1847）
ポーラ文化研究所蔵

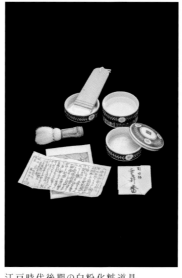

江戸時代後期の白粉化粧道具
ポーラ文化研究所蔵

江戸の白肌メーク

江戸時代の譬喩として残る「色の白いは七（十）難隠す」。当時のおもなベースメーク料は水銀や鉛を原料とする白粉を水で溶き、手や筆で塗った。白粉化粧というと真っ白な厚塗りを想像するかもしれないが、実際には塗った後に紙や布で押さえたりふき取ったりと、いくつもの手順を経てシアーな肌感を演出していた。江戸時代のベースメークは衿もとからのぞくデコルテや首筋までていねいに白粉をのばした。もろ肌を脱ぎ、合わせ鏡をしながら熱心に白粉を塗る女性の姿を描いた浮世絵が多く残っている。

ことがわかる。ティーンエイジャーを中心とした若年層に多いのは、日ヤケした肌の健康的なイメージに憧れる「小麦色に焼きたい派」。また、日ヤケ後のシミやソバカスが気になるけれど、小麦色の肌を楽しみたいという層も一定数存在し、濃いめのファンデーションで日ヤケ肌を演出して楽しんだ。そして、シミやシワ、光加齢への心配から絶対日ヤケはNGという層。当時発売が相次いでいたホワイトニング化粧品はもちろん、サンスクリーン、衣料、小物とあらゆる手段で紫外線対策をして「美白」に励んだ。
「日ヤケ肌」好きのティーンはどうなったのだろう。平成5年頃からはティーン誌でも「紫外線の害」への言及がみられるようになり、日ヤケの記事は次第に減少している。「絶対に焼かない」というキーワードも徐々に増え、日ヤケしない、したくないという意識が定着したのは平成14年頃と考えられる。

「美白」で目指した肌づくりのゴール

そしてやってきた「美白時代」。「美白」という言葉は、平成12年のimidas新語流行語にも選ばれており、世の中の「美白」への関心は急速に高まっていった。平成10年代に入ると、紫外線ケアだけではなく、化粧品各社から発売される独自成分を配合した美白コスメをラインで使う、サプリで美白対策をする、メディカルエステやプチ整形で白肌を取り戻すなど、豊富な選択肢から選べる時代になった。
ところで、近年「美白」が意味する肌の定義が変化してきている。「シミのない肌」「白い肌」から、「きめ細かな透明感」「内側から光るような肌」というふうに、期待する肌の質感やどう見えるのかに着目した繊細な表現に変わってきている。女性雑誌の美白記事にくり返し登場するのは、肌の色の白さではなく「透明感」というワード。また、ポーラ文化研究所で平成30年に行った美白に関する日中比較の調査（注2）でも興味深い結果がみられた。「美白ケアでめざす肌のイメージ」では、日本では「透明感のある」「白い」「明るい」「シミのない」「くすみのない」が上位5位までの回答であったのに対し、中国では「明るい」「くすみのない」「透明感のある」「若々しい」「色ムラのない」と、白さよりも明るさや若々しさを美白のゴールとしているようにもみえる。
内面の充実を映し出すような、カバー不要な「素」の美しさを表現する美白へ。グローバル化、ボーダーレス化が進むことで、美白の概念は変化し多様化し、「色」を超えて大きなシフトチェンジが起きる可能性もあるだろう。

注1 紫外線が人体に及ぼす影響をわかりやすく指標化して気象庁が公表しているUVインデックスのデータでも、近年、外出を控えるなど配慮が必要なインデックス8以上の日が増加していることがわかっている。

（株）ポーラリリース：20代女性の"美白美人"がさらに増加 ▶

注2 「日本と中国における20〜30代女性の美白意識」
平成31年2月7日

ネット調査、中国調査は北京在住者を対象 ▶

※リンク先のコンテンツは予告なく変更・削除される可能性があります。

1か月あたりの平均日照時間はこんなに増加している！

平成12〜16年
1か月あたりの平均日照時間 (h)

平成27〜31年
1か月あたりの平均日照時間 (h)

県ごとに色が塗り分けられた二つの日本地図を比べてほしい。色が濃いほど、日照時間が長いことを示しており、20年間の日照時間増加には驚くばかり！

	~135未満
	135以上
	145以上
	155以上
	165以上
	175以上

気象庁HPをもとに（株）ポーラ作成

「盛る」の30年

「盛る」という概念

「飲食物で器をいっぱいにする、うずたかく積み上げる。高く積む。もりあげる。」という意味で古くは日本書紀にも登場する「盛る」という言葉。内容を誇張したり、尾ひれをつけたりすることを「話を盛る」と言う。ここから転じて平成を代表するビューティー用語のひとつとなった「盛る・盛り」は、平成10年代半ばには女性のメークやヘアスタイルに使われるようになり、平成の終わりには「盛る文化」を論じる研究書も登場した。久保友香によれば、「盛り（モリ）」という言葉が使われはじめたのは、平成14年頃だという（注）。大学生のイベントサークルのパンフレットに掲載するためにプリクラで撮影した顔写真を「モリプリ（盛れているプリクラ）」と呼んだことを、「盛り」の初期の使用例として挙げている。かわいいメークをし、さらにプリクラの加工機能を使って理想の姿に近づけて撮影した写真やその行動を意味している。

また、平成18年に創刊された『小悪魔ageha』（インフォレスト）は、夜の世界で働くキャバクラ嬢をターゲットとした雑誌で、「age嬢」と呼ばれた読者モデルたちの「盛り」を次々と紹介。逆毛を立ててトップにボリュームをもたせた盛りヘアや華麗な巻き髪、大きく誇張したデカ目メークが、派手でカワイイファッションを好むギャル、学生やOL、ショップスタッフといった接客業の女性たちの支持を集めていた。

注　久保友香著『盛りの誕生：女の子とテクノロジーが生んだ日本の美意識』
　　太田出版、平成31年、p168

雑誌にみる「盛りヘア」「盛りメーク」

女性雑誌（女性総合誌、女性ファッション誌）での「盛り」の提案は、ヘアスタイルからスタートしたようだ。平成17年頃からティーン誌を中心に「盛りヘア／盛り髪」のハウツーが紹介されている。校則により通学時にはできない巻き髪などの髪型を、夏休みなど長期休暇中に楽しむという企画が、この頃の定番だった。やがて、ティーン誌以外でもX'masなどのイベント時の華やかなヘアアレンジとしての提案がはじまり、『婦人画報』平成21年10月号には「若い女性たちの間では『盛り』が注目されているが、マイナス10歳をめざすマダムは、和髪やパーティヘアでおなじみの『盛り』をふだんのヘアスタイルに取り入れて」という記事も登場。平成22年頃には、ちょい盛り、ふわ盛りといったネーミングで、編んだりねじったり、少し膨らませた"普段の髪型"として年代を問わずに定着していった。

「盛りメーク」は、平成18年頃から登場する。ティーンエイジャーがやはり校則の規制がない夏休みにちょっとつけまつ毛をつけて（盛って）アイメークしてみてはという提案でスタート。盛りメーク全盛期は、モテを意識したデカ目ブームとも重なる。先に挙げた『小悪魔ageha』のage嬢ほどではないにせよ、目の大きさを強調するためのアイライナーやつけま（つけまつ毛）、カラコン（カラーコンタクト）やまつエク（まつ毛エクステンション）を駆使して、平成10年代末には「メガ盛り」まで登場した。目にフォーカスしたメークは年代を超えて広がり、「モテ顔」のためのアイメークが次々と開発された。囲み目、黒目強調、キレ長、タレ目、パンダ目、バンビ目、キャットアイ、ドーリーまつ毛・・・と数々のコピーが雑誌を飾った。

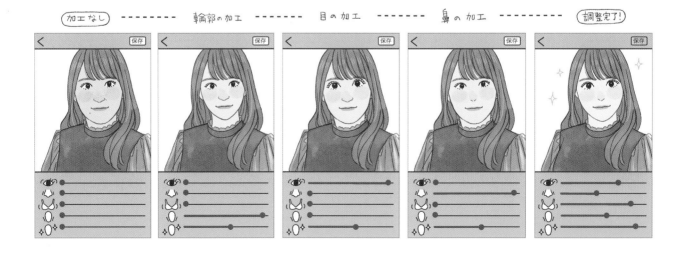

派手な盛りアイメークに変化が現れたのは平成25年頃、「卒ギャル」というワードとともに、目もとの盛りは控えめになっていった。この頃「男子」にモテたのは、「うす盛りアイ」。引き算のデカ目、盛りすぎないマスカラ。黒くて強いアイメークから、色味をおさえて、まつ毛の間を点で埋めるアイラインや自然に広がる繊細なセパレートまつ毛など、すっぴんのように見せるためにていねいにつくり込んだアイメークへと変化していった。

アイメークの色が薄くなったことで、「盛る」対象は眉やチーク、リップへと変化。複数のアイテムを使って繊細に仕上げる淡い色味のナチュラルな太眉。自然に上気したように見える頬、ツヤのある血色感をたたえた唇。手をかけて「ナチュラルに見えるように盛った」すっぴん風メークに変化した。ほどよく力が抜けている、「抜け感」が大切。全部盛りはNG、さりげないけど、きちんとしている。「男のコが好きなナチュラルメーク」という雑誌の特集にみられるように、男子モテの意識は続くものの、次第に異性に限定しない「好かれ顔」、好印象、好感度というワードが雑誌に登場していく。

盛るためのテクニック

「盛る」を流行させた背景に、写真を撮影して送信し、共有する技術のイノベーションがあった。昭和の終わりに流行した「写ルンです」などのレンズ付きフィルムにはじまり、女子高生の間で大ヒットしたプリクラ、コンパクトデジカメ、携帯電話のカメラ機能、そしてスマートフォン。10〜20代女性の自撮り文化は平成30年間を通じて、実に充実していた。平成10年代の終わり頃から、写真映えするメーク、盛り写メなど写真写りを意識したメークが登場。平成20年代前半には、ブログやSNSなどにアップする顔写真をかわいく「盛る」ためのメークハウツーの紹介がはじまる。

タレントのざわちんによる有名人にそっくりの「ものまねメーク」が話題になったのもこの頃。平成20年代末には、インフルエンサーたちによる「こんなに変わる！」整形級メークも話題となった。

平成20年代後半にはスマホのアプリでつくる「盛りメーク」も普及。スマホのメーク加工アプリを使えば、アプリ上で好みの顔に「メーク」できる。目はナチュラルに大きく、鼻筋を通し、肌トラブルは消してトーンアップ。フェースラインをほっそりさせれば、理想の顔が完成する。アプリが普及しはじめた当初は、調整は撮影後であったため、微調整も難しく、恥ずかしい「盛りすぎ」写真も見受けられたが、ナチュ盛りブームを背景に、撮影前に確認しながら慎重に調整できる、盛っていることがわからない「バレない盛りテク」の機能を搭載した進化形アプリが次々と追加されている。また、普段はしないテイストのメークを試したい、高級ブランドのメーク品の使用イメージを知りたいなどのニーズに応え、化粧品メーカーとタイアップしたアプリも増えている。

平成25年頃からの若年層を中心としたオルチャンメークや、チャイボーグの流行、立体感を出すためのコントゥアリングメークやカラフルなポイントメークなど、近年メーク回帰、色回帰の傾向がみられる。これらはインターネットやTwitter、SNSなどネットを情報源としていて、だからこそ一気に拡散していったといえる。またネットのつながりで初対面が画面越しということも、当たり前の時代となった。リモート会議できちんと見えるメークのコツも登場している。コミュニケーション手段が変化しているデジタルネイティブ世代では、アプリで盛った自分が本当の自分であり、盛らない素の自分を自ら希薄化させる傾向も。一方ではアプリで盛った理想の自分に近づけるためのアプローチも行う。令和における自己認識とその表現は、デジタルツールの急激な変化の中で、刻々と進化を遂げていくのだろう。

盛りたい思いは昔から

平成半ばの盛りヘア全盛期。ゴージャスな盛りヘアを紹介するヘアカタログが刊行され、特異なヘアスタイル文化として話題になった。ところが平成の盛りヘアに勝るとも劣らない巨大な髪型が、近世文化の爛熟期の18世紀半ば、日本にも西洋にも存在していた。高価なべっ甲の髪飾りをはじめ、びらびら簪などを挿して豪華さを競った京都・島原の太夫の「横兵庫」。頭頂に船の模型が乗った「フリゲート艦ユノ」は、アメリカ独立戦争で活躍したフランスの艦船をたたえた時事に基づく髪型。どちらも遊廓や宮廷といった限られたコミュニティの中で発達したもので、その中で個性、ユニークさを表現するため、また自らの力を誇示するため髪型は巨大化していった。

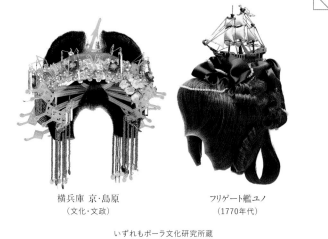

横兵庫 京・島原
（文化・文政）

フリゲート艦ユノ
（1770年代）

いずれもポーラ文化研究所蔵

女性雑誌からみる平成アイメーク

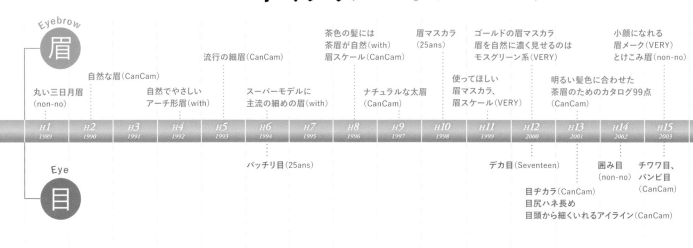

Eyebrow 眉

丸い三日月眉（non-no）

自然な眉（CanCam）

自然でやさしいアーチ形眉（with）

流行の細眉（CanCam）

スーパーモデルに主流の細めの眉（with）

茶色の髪には茶眉が自然（with）眉スケール（CanCam）

ナチュラルな太眉（CanCam）

眉マスカラ（25ans）

使ってほしい眉マスカラ、眉スケール（VERY）

ゴールドの眉マスカラ眉を自然に濃く見せるのはモスグリーン系（VERY）

明るい髪色に合わせた茶眉のためのカタログ99点（CanCam）

小顔になれる眉メーク（VERY）とけこみ眉（non-no）

| H1 1989 | H2 1990 | H3 1991 | H4 1992 | H5 1993 | H6 1994 | H7 1995 | H8 1996 | H9 1997 | H10 1998 | H11 1999 | H12 2000 | H13 2001 | H14 2002 | H15 2003 |

パッチリ目（25ans）

デカ目（Seventeen）

囲み目（non-no）

チワワ目、バンビ目（CanCam）

目ヂカラ（CanCam）
目尻ハネ長め
目頭から細くいれるアイライン（CanCam）

Eye 目

ぱっちり目・パッチリ目
平成を席巻した「デカ目」は、当初「ぱっちり目」というワードで登場している。平成中期になると、よりパワフルでストレートな表現が好まれ、「デカ目」「目ヂカラ」へと変化していく。

デカ目、目ヂカラ、そしてメガ盛りへ
ポイントメークは目もとコンシャスの時代へ。アイライン、アイシャドー、マスカラを駆使して、大きな目を目指した。目の強調に反比例するように眉は細く、線描のような極細眉も登場。茶髪や金髪のヘアカラーの影響で、眉色は明るくなっていった。眉を整えるハサミやテンプレート、まつ毛をきれいにカールさせるビューラー、まつ毛を盛るためのつけまつ毛などが、この時期のアイメークの必須アイテムとなっていく。

バブル
自眉を活かしながら、黒や濃いグレーのペンシルでくっきり描いた眉。ブルーやパープルのアイシャドーで色を主張。アイラインやマスカラの記載は少ない。

アムラー
アーチ形にカーブした極端に細い長めの眉は、ブリーチして茶眉にすることも。パール感のあるアイシャドーにセパレートタイプのマスカラ。

ガングロ
茶色い細眉。黒の幅広アイラインに、焼いた肌とのコントラストが目立つ白いアイシャドー。ボリュームタイプの黒マスカラで目の大きさを誇張。

モテ
角度のある明るい色の細眉は、目との距離も近く。まつ毛もデカ目効果を狙って、マスカラで放射線状に広げる。アイシャドーはカラフルなパール系。

姫系
金髪に近い明るい色の細眉。上下の太いアイラインと密度の高いつけまつ毛に加え、カラコンで黒目を強調して、目もとを大きく演出。少女漫画のような顔に。

ビューラー　ハサミ

「トニータナカまゆげテンプレート」500円はアムロ風、飯島直子風など全9種類（平成4年5月31日 東京新聞）

眉テンプレート

サークルレンズ

つけまつ毛

ティーン誌からみるティーンの目もと

セブンティーン・ピチレモン・ニコラ

「ティーンはやりすぎ禁物」「校則の範囲内で」を意識しながらも、大いにチャレンジしつづけた30年。平成16年頃からメーク表現は一気に多彩に。オルチャンメークは、20代女性にも拡大し、ほてりへと進化。ティーンのメークパワーが大きな影響を与えるに至った。

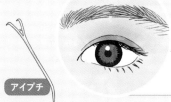

アイプチ

平成初期のティーン

H1 ブラウンシャドーを眉と目の両方に
H3 透明マスカラで目もとも眉もイキイキと カラーマスカラでキュートな眉に変身

H6 大きく見せる！アイプチとつけまつ毛

H10 登校前のマスカラは常識、グレー＆茶のナチュ眉

H15 STモデルの激かわパターン、タレデカ目、なごみアーチ眉

「デカ目」「目ヂカラ」「ナチュ太眉」「平行眉」「うす盛り」…。平成30年間には、目もとを表現する実に多彩な言葉が生み出されてきた。
なりたい私、魅せたい私を演出するために、コスメやグッズの革新が続き、メークアップアーティストのテクニックを雑誌から学んだ。
やがて、SNSが共有の場となり、自らがテクニックの発信者となっていった。アイメークの30年間を女性誌の特集やテクニック表現からみてみよう。

タイムライン上段

- 隠しグラデーション眉（VERY）
- おしゃれナチュ細眉／華やかナチュ太眉／モテアーチ眉（non-no）
- 刈り込み眉は描きのテクで復活（non-no）
- アゲ眉レッスン、ちょい短め、ちょい太め、ちょい明るめの理想眉（with）／ふんわりナチュ眉（with）
- ゆるかわ眉（with）
- ナチュふわ眉（with）
- 脱アーチ！少し太めのまっすぐ眉、アーチ型より女らしさが際立ち若々しく見える（25ans）
- 眉マスカラで淡色眉（CanCam）／色素薄い系ふわ眉／こなれストレート太眉（non-no）／ノーブル額縁眉（婦人画報）
- ヘルシー太眉からカーブを作る女っぽい眉へ（VERY）
- 細くて山なり濃いめのハンサム眉に変えた（CanCam）
- 肉厚眉、今必要なのは形や色よりも厚み（婦人画報）

年表軸

H16 2004	H17 2005	H18 2006	H19 2007	H20 2008	H21 2009	H22 2010	H23 2011	H24 2012	H25 2013	H26 2014	H27 2015	H28 2016	H29 2017	H30 2018

タイムライン下段

- 涙袋（with）
- セパレートされた上品デカ目（with）／扇形360°に広がるまつ毛（CanCam）／まつ毛エクステ（VERY）
- ちょこっとたれ目風（with）
- エクステ級まつげ（with）／超ナチュメーク、漆黒インサイドライン（CanCam）
- 下まぶた強調、涙袋ふっくら、目頭切開効果（non-no）／プチ整形級、目尻コンシャス（CanCam）／隠しアイライン（VERY）
- Wアイライン（non-no）／ハネ上げライン（with）
- ナチュ盛りまつげ（with）
- 今っぽナチュラルアイ極細まつげカラコン必須（CanCam）
- 整形級デカ目メーク（CanCam）
- 全方位美ロングまつ毛（non-no）／隠しラインしこんだパッチリ目（CanCam）

涙袋　目の大きさを縦に拡張して見せてくれる涙袋。メークテクで人工的にぷっくり感をつくり出すことが大流行した。下まぶたに影をつくり、ふくらみはパールで明るく演出。ツヤ感やみずみずしさ、ぷるんとうるんだ目もとの表現として、平成10年代前半から平成を通じたテクニックに。

ナチュ眉　細眉全盛時代の平成10年頃から徐々に登場してくる「ナチュ眉」。それまでの細眉よりは「ナチュラル」という意味合いだが、実際には剃る、抜くなどかなり成形していた。平成10年代半ばになると、脱ギャルメークの流れを背景に、自然な弧を描く、文字通り「ナチュラル眉」に変化していった。

整形級　「美容整形」が徐々に身近なものになり、平成20年代後半になるとアイメークを中心に「整形級メーク」のテクニックが次々と紹介された。「目頭切開効果」など、整形後を意識させるワードも頻出し、メーク効果の領域が拡張していることがわかる。YouTubeなどの動画サイトには、ビフォーアフター、プロセスまでもすべて公開するメーク動画が、次々とアップ。「詐欺メーク」という言葉も使われた。

盛り
茶、黒のシャドーのグラデテクと黒の極太アイライン、つけまつ毛の重ねづけなどで、パワフルな囲み目。淡色の極細アーチ眉でデカ目を引き立てる。

ナチュかわ
ふんわり太眉への移行期。ナチュラルブラウンのアイシャドーのグラデテクと囲み目、マスカラ3度塗りやまつ毛エクステで、目ヂカラ強調。

すっぴん風
太めで淡い色のナチュラル眉。素肌っぽさを演出するカラーレスアイシャドー。繊細なすっきりまつ毛のすき間を極細ジェルライナーで埋める。

ほてり
平行眉や困り眉にほんのり赤いアイシャドーでまぶたの血色感とうるんだ目もとを演出。下まつ毛だけに赤いマスカラなどプレイフルな表現も。

眉マスカラ

黒目強調カラコン

まつ毛エクステ

ブラウンメーク

オルチャンからの派生

カラーマスカラ

うす盛り
眉マスカラ、極細のインサイドライン、カールタイプのマスカラとすべてブラウンで自然に。テクニック不足でボソボソのまつ毛になってしまうことも。

オルチャン
太めの平行眉ながら、目もとは繊細でやさしげ。細く長く引いたアイラインで目尻を強調。涙袋はキラキラ系シャドウでぷっくり演出。

センオンニ
オルチャンの進化形として平成29年頃登場。涙袋の印象は薄くなり、ハネ上げラインで目尻を強調したセンオンニ（＝強くてかっこいいお姉さん）を演出。

H16 美眉であかぬけ〜コーム、毛抜き、スクリューブラシ、ペンシル、アイブローで形をつくる
H17 白＆黒のWラインで黒目パワーアップ
H18 学校メーク〜目もとはマスカラだけうす盛りメーク
H20 ナチュデカ目
H21 新ネコ目（目元用つけまつ毛でワイドに見せる）
H22 目ヂカラMAX、つけまはマスト
H23 モテメーク、あげぽよ眉、マスカラはカールで薄づきナチュ太眉、脱囲み目、ピュア盛り
H26 100均でトライ、下まぶたピンク
H27 眉メークで小顔に
H28 今っぽメークは基本ナチュラル
H28 二重のりでパッチリアイにマスカラ塗るなら透明でナチュラルに
H29 センオンニメーク、太眉、囲み目
H30 カラーメーク、派手色ラインでテンションアップワンカラーメーク、眉も目もピンク

DATAからみる**10代**のビューティー

ポーラ文化研究所では、長期にわたり、女性の美容や化粧に関する意識と行動についてリサーチを実施してきたが、平成30年間を通じて、注目すべきは10代。特にメークに関して、「ふだんメークしている人」は15〜19歳で急増。意識や使用アイテム、テクニックも大きく変化している。女子たちのメーク中の真剣な顔や化粧ポーチの中身が想像できるよう。

ふだんメークしていますか？

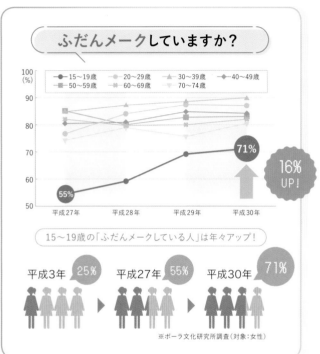

凡例：
●─ 15〜19歳 ●─ 20〜29歳 ▲─ 30〜39歳 ◆─ 40〜49歳
■─ 50〜59歳 ✕─ 60〜69歳 ▽─ 70〜74歳

55%（平成27年） → 71%（平成30年）

16% UP!

15〜19歳の「ふだんメークしている人」は年々アップ！

平成3年 25% ▶ 平成27年 55% ▶ 平成30年 71%

※ポーラ文化研究所調査（対象：女性）

朝のメークにかける時間は？

	16分以上	16分未満	
全体（15〜74歳）	30		15.6 分
15〜19歳	56		**22.7分**
20〜29歳	48		19.8 分
30〜39歳	36		16.4 分
40〜49歳	26		14.1 分
50〜59歳	20		13.6 分
60〜69歳	17		12.7 分
70〜74歳	13		12.1 分

全体平均では15.6分に対して、10代後半女子は22.7分！16分以上メークにかける人が56%。21分以上というメーク大好き女子も30%、鏡に向かって念入りに仕上げている様子が目に浮かぶ。　※ポーラ文化研究所調査 2018年調査（対象：メークを行っている女性）

使っているアイテムは？

10代後半の使用アイテムのトップ3は、口紅、チークカラー、アイシャドー。ポイントメークの使用率は高く、多くのアイテムで全体スコアを上回る。また、使用アイテム（種類）の平均は9.44と大学生や有職女性が多い20代の9.92に迫る高いスコア。

また、コントロールカラー、コンシーラー、フェイスカラーなど、肌の質感をつくるアイテムの使用率が高いことも印象的。
マスカラやアイライナー、口紅、グロスでのポイントメークを楽しみつつ、コントゥアリングなどで肌の表現を工夫している様子が伝わってくる。

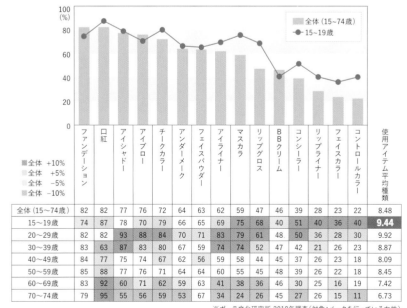

凡例：■ 全体 +10%　■ 全体 +5%　■ 全体 −5%　■ 全体 −10%

	ファンデーション	口紅	アイシャドー	アイブロー	チークカラー	アンダーメーク	フェイスパウダー	アイライナー	マスカラ	リップグロス	BBクリーム	コンシーラー	リップライナー	フェイスカラー	コントロールカラー	使用アイテム平均種類
全体（15〜74歳）	82	82	77	76	72	64	63	62	59	47	46	39	28	23	22	8.48
15〜19歳	74	87	78	70	79	66	65	69	75	68	40	51	40	36	40	**9.44**
20〜29歳	82	82	93	88	84	70	71	83	79	61	48	50	36	28	30	9.92
30〜39歳	83	63	87	83	80	67	59	74	74	52	47	42	21	26	23	8.87
40〜49歳	84	77	75	74	67	62	56	59	58	44	45	37	26	23	18	8.09
50〜59歳	85	88	77	76	71	64	64	60	55	45	48	39	26	22	18	8.45
60〜69歳	83	92	60	71	62	59	63	41	38	36	46	30	25	16	19	7.42
70〜74歳	79	95	55	56	59	53	67	34	24	26	45	27	26	15	11	6.73

※ポーラ文化研究所 2018年調査（対象：メークを行っている女性）

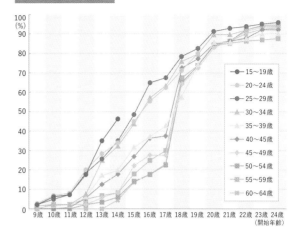

メーク開始年齢

100
(%)
90
80
70
60
50
40
30
20
10
0
9歳 10歳 11歳 12歳 13歳 14歳 15歳 16歳 17歳 18歳 19歳 20歳 21歳 22歳 23歳 24歳
(開始年齢)

凡例:
15〜19歳
20〜24歳
25〜29歳
30〜34歳
35〜39歳
40〜45歳
45〜49歳
50〜54歳
55〜59歳
60〜64歳

スキンケア開始年齢

100
(%)
90
80
70
60
50
40
30
20
10
0
9歳 10歳 11歳 12歳 13歳 14歳 15歳 16歳 17歳 18歳 19歳 20歳 21歳 22歳 23歳 24歳
(開始年齢)

凡例:
15〜19歳
20〜24歳
25〜29歳
30〜34歳
35〜39歳
40〜45歳
45〜49歳
50〜54歳
55〜59歳
60〜64歳

※ポーラ文化研究所 2019年調査(対象:開始年齢を覚えている女性)

メーク開始年齢は平成30年間で大きく変化した。かつてのメークデビューの定番は「高校卒業時に受けた美容講習」。高校卒業後にメークをはじめる人が多かった。昭和〜平成初期に10代を過ごした現在の40〜64歳のメーク開始年齢は「17歳まで」が15%未満、「18歳」では約50%。若い年代は開始時期が早く、現在の20〜34歳では、半数近くが17歳までにメークを開始している。

メークに比べてスキンケアの開始は早く、特に若い世代で顕著。乳幼児期から肌の清浄や保護、UV対策など家庭内で自然にスキンケアを行っていることに加え、インターネットやティーン向けの雑誌から手軽に美容情報をキャッチできることも変化を加速させているようだ。令和を生きるこれからの10代の化粧開始年齢はさらに早くなるのではないだろうか。

\10代女子に聞いてみた!/
自分にとってのメークとは?

きちんとした場の身だしなみ
「ふだんはあまりしない」
(18才大学生)

気分転換
「メークすることは楽しいこと」
(19才大学生)

自信をつけてくれる
「コンプレックスを隠せる」
(17才高校生)

マナー
「好きでやっている訳ではない」
(19才大学生)

なりたい自分
「化粧している自分がかわいい」
(18才パートアルバイト)

プチ整形
「かき足したりするだけでずい分変わる」
(19才大学生)

違った自分を作る
「いい意味で二重性を作れる」
(18才パートアルバイト)

新しい自分
「メークでかわいくなれる」
(15才高校生)

ベール
「目もとなど全然変わる」
(19才大学生)

自然体を生かすもの
「やりすぎるのはよくないこと」
(16才高校生)

よろい
「メークすることで自信がもてるもの」
(18才大学生)

自分らしさを維持する
「顔が薄いから」
(19才主婦)

やらないと気がすまないこと
「メークした自分の方が好き」
(18才専門学生)

アクセサリー
「自分を着飾るもの」
(15才高校生)

※ポーラ文化研究所 2019年調査

「平成コスメ」情報はどこから？

コスメの情報収集は時代や年代によってどのように変わるのか。令和がはじまった今だからこそ、平成を生きてきた女性たちへのアンケート調査を行った。スキンケアやメークアイテムを買うときに参考にしている情報ソースについて、令和元年現在の状況をたずねながら、平成元年、10年、20年の実態をふり返ってもらった。10年ごとの時代の変化を横軸で、回答者の年代を縦軸で表現したのがこの**「コスメ購入時 情報ソースランキング表」**だ。

〈 ランキングの見方 〉

1. 情報ソースはルートで色分けしている
2. 横軸で見ると、30年間の変化に気づく
3. 縦軸で見ると、年代毎のちがいに気づく
4. 斜めで見ると、○歳の変化に気づく

- □ 店頭商品
- ネットから
- 雑誌・新聞から
- 周りの人から

コスメ購入時情報ソースランキング表

令和元年

令和元年の **15〜24歳**

令和元年 15〜24歳

1位	Instagram	30%
2位	Twitter	28%
3位	店頭の商品そのもの	26%
4位	動画コンテンツ	
5位	クチコミサイトやアプリ	
6位	友人・知人	
7位	特にない	
8位	母	
9位	テレビ番組やCM	
10位	女性雑誌の記事	(n=262)

平成20年

平成20年頃 15〜24歳

1位	店頭の商品そのもの	33%
2位	友人・知人	25%
3位	特にない	22%
4位	女性雑誌の記事	
5位	母	
6位	クチコミサイトやアプリ	
7位	テレビ番組やCM	
8位	店員・美容部員	
9位	美容誌の記事	
10位	わからない／あてはまるものはない	(n=215)

令和元年 25〜34歳

1位	店頭の商品そのもの	37%
2位	クチコミサイトやアプリ	27%
3位	特にない	19%
4位	Instagram	
5位	友人・知人	
6位	Twitter	
7位	メーカーサイト	
8位	テレビ番組やCM	
9位	女性雑誌の記事	
10位	ショッピングサイト	(n=289)

令和元年の **25〜34歳**

平成10年

平成10年頃 15〜24歳

1位	店頭の商品そのもの	32%
2位	特にない	22%
3位	女性雑誌の記事	20%
	友人・知人	
5位	テレビ番組やCM	
6位	店員・美容部員	
7位	美容誌の記事	
8位	メーカーのパンフ・チラシ	
9位	母	
	街中の人を見て	
	わからない／あてはまるものはない	(n=182)

平成20年頃 25〜34歳

1位	店頭の商品そのもの	33%
2位	特にない	21%
3位	女性雑誌の記事	17%
	テレビ番組やCM	
5位	友人・知人	
6位	店員・美容部員	
7位	美容誌の記事	
	クチコミサイトやアプリ	
9位	メーカーサイト	
10位	メーカーのパンフ・チラシ	(n=277)

令和元年 35〜44歳

1位	店頭の商品そのもの	31%
2位	特にない	23%
3位	クチコミサイトやアプリ	20%
4位	メーカーサイト	
5位	テレビ番組やCM	
6位	ショッピングサイト	
7位	友人・知人	
8位	美容誌の記事	
9位	女性雑誌の記事	
10位	店員・美容部員	(n=289)

平成元年

平成元年頃 15〜24歳

1位	店頭の商品そのもの	32%
2位	女性雑誌の記事	20%
	店員・美容部員	
	特にない	
5位	友人・知人	
6位	テレビ番組やCM	
7位	メーカーのパンフ・チラシ	
8位	母	
9位	美容誌の記事	
10位	わからない／あてはまるものはない	(n=259)

平成10年頃 25〜34歳

1位	店頭の商品そのもの	33%
2位	テレビ番組やCM	19%
3位	友人・知人	18%
4位	特にない	
5位	女性雑誌の記事	
	店員・美容部員	
7位	メーカーのパンフ・チラシ	
8位	美容誌の記事	
9位	メーカーサイト	
10位	わからない／あてはまるものはない	(n=282)

平成20年頃 35〜44歳

1位	店頭の商品そのもの	31%
2位	特にない	19%
3位	テレビ番組やCM	19%
4位	メーカーサイト	
5位	友人・知人	
6位	店員・美容部員	
7位	クチコミサイトやアプリ	
8位	女性雑誌の記事	
	メーカーのパンフ・チラシ	
10位	ショッピングサイト	(n=285)

令和元年 45〜54歳

1位	店頭の商品そのもの	28%
2位	メーカーサイト	24%
3位	特にない	21%
4位	クチコミサイトやアプリ	
5位	テレビ番組やCM	
6位	ショッピングサイト	
7位	友人・知人	
8位	メーカーのパンフ・チラシ	
9位	店員・美容部員	
10位	女性雑誌の記事	(n=288)

令和元年の **35〜44歳**

令和元年の **45〜54歳**

平成元年頃 25〜34歳

1位	店頭の商品そのもの	37%
2位	店員・美容部員	28%
3位	テレビ番組やCM	25%
4位	女性雑誌の記事	
5位	特にない	
6位	友人・知人	
7位	メーカーのパンフ・チラシ	
8位	新聞・雑誌広告	
9位	美容誌の記事	
10位	きょうだい	(n=272)

平成10年頃 35〜44歳

1位	店頭の商品そのもの	37%
2位	テレビ番組やCM	23%
3位	店員・美容部員	22%
4位	特にない	
5位	女性雑誌の記事	
6位	友人・知人	
7位	メーカーのパンフ・チラシ	
8位	新聞・雑誌広告	
9位	メーカーサイト	
10位	美容誌の記事	
	きょうだい	(n=273)

平成20年頃 45〜54歳

1位	店頭の商品そのもの	33%
2位	テレビ番組やCM	22%
3位	メーカーサイト	20%
	特にない	
5位	店員・美容部員	
6位	友人・知人	
7位	メーカーのパンフ・チラシ	
8位	女性雑誌の記事	
9位	ショッピングサイト	
10位	新聞・雑誌広告	
	クチコミサイトやアプリ	(n=274)

令和元年 55〜64歳

1位	店頭の商品そのもの	32%
2位	メーカーサイト	26%
3位	テレビ番組やCM	22%
4位	特にない	
5位	クチコミサイトやアプリ	
6位	ショッピングサイト	
7位	店員・美容部員	
8位	友人・知人	
9位	メーカーのパンフ・チラシ	
10位	女性雑誌の記事	(n=278)

令和元年の **55〜64歳**

- 情報ソースのトップは「商品そのもの」。「店員、美容部員」「周りの人」「雑誌」も上位にあがった。
- 「メーカーサイト」が25〜34歳、35歳〜44歳(当時)にランクイン。「ネットから」への変化の兆しがみえる。
- 「クチコミサイト」「メーカーサイト」が上昇。スマートフォンの登場と普及は情報収集スタイルを大きく変えていく。
- 幅広い年代で「ネットから」が複数上位に並ぶ。「クチコミサイト」「メーカーサイト」「Instagram」のいずれかが3位内に。

※ポーラ文化研究所 2019年調査(対象：該当の時代でスキンケアやメークを行っている女性)平成元年、10年、20年については、当時の状況をふり返って回答したもの。

◆「店頭の商品そのもの」は平成で不動の1位

平成元年、10年、20年、令和元年と30年間を通じ、ほぼ全年代で「店頭の商品そのもの」が情報ソースの1位となった。時代や年代は異なっても、ショップで実際の商品を見る、パッケージやPOPなどから商品情報を得る、比較する（テスターをフル活用して、香りやテクスチャーを確認して）。そうして気に入った商品を持ってレジに向かう…そんな姿が目に浮かんでくる。

◆ 15～24歳の情報ソースは**30年で激変**

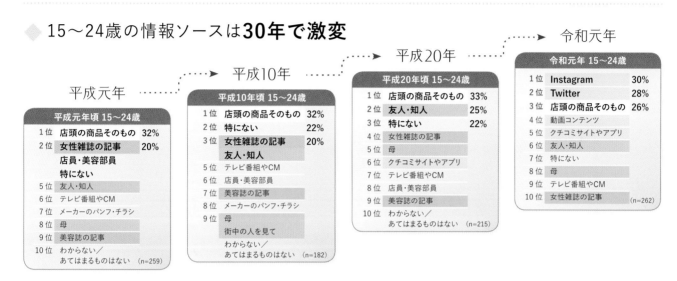

インターネットが急速に普及し、日常での調べものにはネットが当たり前、となった平成の30年間。コスメ情報についても、雑誌の記事、店員や友人・知人といったリアルの場での情報から、WEBサイトの情報やネット上のクチコミなど、デジタル情報へとシフトしていった。情報感度の高い若い年代に注目してみると、令和元年、15～24歳では「Instagram」「Twitter」がトップ2となった。平成総合トップである「店頭の商品そのもの」を上回っていることに注目したい。また、4位には「動画コンテンツ」がランクイン。デジタルネイティブが増えていく令和時代、多種多様のデジタルの情報ソースから膨大なコスメ情報を抵抗なく収集、選択する時代になっていくのだろう。

使ったことがないメークアイテムを買う前に "**ネットやSNS**" で調べる？

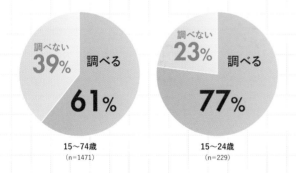

これまで使ったことがない、はじめてのメークアイテムを買う前の行動について平成29年に調査したところ、メークアイテムを買っている15～74歳の女性の61％が購入前にネットやSNSでクチコミを調べていた。そのうち、15～24歳では77％に達し、4人に3人が検索、収集、比較している結果に。平成末期になると、SNSでのクチコミでは写真や動画など、ビジュアル情報が注目を集めていて、視覚的に多くのコスメの情報を受け取り、選択に活用するケースが目立つ。

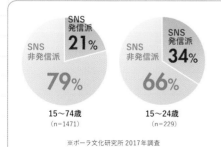

※ポーラ文化研究所 2017年調査
（対象：メーク化粧品を買っている女性）

はじめて買ったコスメを **SNSで発信する？**

はじめて買ったメークアイテムを実際にSNSで人に見せたり、勧めたりする「SNS発信派」は、15～74歳では21％、15～24歳では34％。調査データを分析したところ、「SNS発信派」は人と交流をもつことや新しいモノが好きな人、高級・良いモノ志向の人が多くいることもわかった。また、化粧自体をとても大切なものと思っており、化粧・美容を楽しんで取り組んでいることも特徴。

詳しくはポーラ文化研究所
調査レポート「化粧品情報
収集とSNSの関連」

※リンク先のコンテンツは予告なく変更・削除される可能性があります。

令和 を生きる 私たちは

さまざまな美容が開花した平成の30年。誰かのため、自分のため。なりたい自分に近づくために、社会の中で自分らしく生きるために。美容は意思と願い、そして創造と欲望から常に新たなイノベーションを生んできた。平成ほど、化粧や美容が人の思いや生き方に寄り添い、近づいた時代はなかったのではないだろうか。人々は美しさの概念を自由にひもとき、次々と新しい美容用語を生み出して進化させていった。既に情報の受け手ではなく、誰もがメソッドの発信者になっている。そして令和へ……。この調査では、令和の化粧は、私にとってどんなものになるのかを想像してもらった。義務やルーティンから解放され、明日の自分が自然体で輝くために美容はこの先どんな進化を遂げていくのだろうか。

メークは自信を
つけてくれるもの
自分を輝かせる!

飾らない
ナチュラルメークが好き

スキンケアは宝物
肌は一生つき合うものだから

歳を重ねても
いきいき過ごしたい

自由回答の頻出ワード 上位ランキング

現在 のメークは
あなたにとってどんなもの?

▼

令和 のメークは
どんなものであって欲しい?

現在 のスキンケアは
あなたにとってどんなもの?

▼

令和 のスキンケアは
どんなものであって欲しい?

15～24歳

1位	身だしなみ	27件
2位	自信	25件
3位	可愛い	20件
4位	顔	17件
5位	きれいだ	16件
6位	マナー	14件
7位	コンプレックス	13件
	必要	
	必要ではない	
		(n=271)

1位	自信	19件
2位	必要	17件
3位	きれいだ	12件
	楽しい	
5位	身だしなみ	11件
6位	顔	9件
	大事	
		(n=245)

1位	肌	80件
2位	きれいだ	41件
3位	必要	27件
4位	毎日	25件
5位	大切	20件
6位	将来	18件
7位	自信	14件
		(n=274)

1位	肌	36件
2位	きれいだ	31件
3位	必要	27件
4位	自信	15件
5位	大切	11件
	当たり前	
7位	日常	10件
	大事	
	これから	
		(n=243)

25～34歳

1位	身だしなみ	48件
2位	自信	20件
3位	必要	17件
4位	義務	15件
5位	すっぴん	13件
6位	きれいだ	12件
7位	マナー	11件
	気持ち	
	仕事	
		(n=269)

1位	身だしなみ	16件
2位	自然	15件
	ナチュラル	
	自信	
	必要	
6位	年	14件
7位	楽しい	12件
	面倒	12件
		(n=244)

1位	肌	61件
2位	必要	25件
3位	毎日	23件
4位	身だしなみ	21件
5位	日常	20件
6位	面倒	19件
7位	きれいだ	18件
		(n=276)

1位	肌	35件
2位	必要	24件
3位	年	23件
4位	きれいだ	14件
	毎日	
6位	日常	12件
7位	歳	10件
	当たり前	
		(n=248)

メークは身だしなみ
そして自分を明るくしてくれる

心もからだも元気にしてくれる
スキンケア

スキンケアで
心も肌も健やかに

自分らしさを出すメークで
自然に生きる!

メークはしあわせに
つながる起爆剤!

肌にも生活にも
うるおいと癒しを
与えてくれる

35～44歳

1位	身だしなみ	56件
2位	必要	22件
3位	面倒	16件
4位	顔	14件
	義務	
6位	自信	11件
7位	日常	10件
	気分	
	必要ではない	

(n=278)

1位	自然	21件
2位	ナチュラル	18件
3位	年	15件
	必要	
5位	きれいだ	14件
6位	面倒	13件
7位	身だしなみ	12件
	肌	

(n=250)

1位	肌	42件
2位	必要	36件
3位	毎日	27件
4位	日課	24件
5位	義務	21件
6位	習慣	18件
	面倒	

(n=279)

1位	肌	33件
2位	必要	26件
3位	自然	13件
4位	身だしなみ	12件
	日常	
	きれいだ	
	年	
	面倒	

(n=255)

45～54歳

1位	身だしなみ	51件
2位	義務	25件
3位	面倒	23件
4位	必要	18件
5位	必要ではない	15件
6位	きれいだ	12件
	顔	
	気持ち	

(n=280)

1位	自然	30件
2位	身だしなみ	27件
3位	年	19件
4位	面倒	18件
5位	ナチュラル	14件
6位	楽しい	13件
7位	きれいだ	12件

(n=264)

1位	必要	48件
2位	習慣	38件
3位	毎日	34件
4位	肌	29件
5位	日常	24件
6位	義務	22件
	日課	

(n=288)

1位	必要	27件
2位	肌	21件
	年	
4位	自然	20件
5位	習慣	14件
	面倒	
7位	日常	13件
	老化	

(n=263)

55～64歳

1位	身だしなみ	60件
2位	必要	26件
3位	面倒	25件
4位	シミ	13件
	気分	
6位	顔	12件
7位	肌	11件

(n=277)

1位	自然	36件
2位	身だしなみ	24件
	必要	
4位	年	18件
5位	ナチュラル	12件
6位	面倒	10件
7位	不要	9件

(n=262)

1位	毎日	50件
2位	必要	47件
3位	習慣	40件
4位	肌	34件
5位	日常	26件
6位	日課	21件
7位	身だしなみ	16件

(n=277)

1位	必要	38件
2位	日常	19件
3位	自然	18件
	習慣	
	肌	
6位	年	17件
7位	毎日	16件

(n=266)

現在のメークは全年代で「身だしなみ」のワードが最も多かった。一方、令和のメークでは、25歳以上の年代で「自然」「ナチュラル」が上位に登場。回答をみると、"厚化粧にならない、つくりこみすぎないメーク""自分らしく、自然でいたい"という願いが印象的だった。15～34歳の年代では、「自信」が現在・令和ともにトップ2にランクイン。若い年代を中心にメークは自分に「自信」を与える存在、といった意識がうかがえる。
現在のメークで、25～54歳と幅広い年代でランクインしていた「義務」は、令和では全年代で圏外となった。

スキンケアは現在・令和ともに全年代で「日常」「毎日」「日課」「習慣」といったふだんの生活に根づくワードがランクイン。メークに比べ、日々の習慣といった意識が強いようだ。一方、メークと同じく「義務」は現代のスキンケアでも25～54歳でランクインし、令和では全年代で圏外になっている。
「肌」は現在・令和ともにトップ4と上位に入っている。令和のスキンケアの回答では"年を重ねてもきれいな肌、健康な肌でいたい"と、未来の肌への強い願いが目立っていた。

肌　身だしなみ　自然、ナチュラル　自信　義務　日常、毎日、日課、習慣

※ポーラ文化研究所 2019年調査(対象:15～64歳女性のうち「特にない」「なし」の回答者を除く)　自分にとってのメーク、スキンケアについて、現在はどのようなものか、令和はどのようなものであって欲しいかを、その理由とともに自由回答形式でたずね、頻出ワードをランキングで示した。

INDEX

主要参考文献

『ピチレモン』(学研)	1989/8-12, 1990/1,4, 1994/12-1995/3, 1996/3-5, 1999/1-3,5-11, 2000/1-4,7-10,12, 2001/1-2006/12
『nicola』(新潮社)	1997/7,10,12, 1998/4,8, 2006/3-5,7-11, 2007/3-5,7,9, 2008/2-6, 8-2018/12
『Seventeen』(集英社)	1989/1/13-1996/3/15, 4/15-8/1, 1997/1/1-15, 7/1-2000/3/15, 4/15-2004/3/15, 4/15-12/1, 2005/1/15-2006/4/1, 6/1-15, 11/1-2007/1/15, 2/15-6/1, 7/1-15, 9/1-11/1, 12/1, 2008/2/15-6/15, 7-10, 12-2013/10, 2014/1-5, 8, 10-2015/6, 8, 10-2016/8, 10, 12-2018/12
『CanCam』(小学館)	1989/1-1995/10, 12-2005/10, 2006/4-6, 9-10, 2007/2-2013/1-10, 2014/1-2018/12
『non-no』(集英社)	1989/1/5-1997/8/20, 9/20-2001/4/20, 6/5, 7/20, 9/5-2002/4/20, 7/5-2010/9/20, 11-2018/12
『with』(講談社)	1989/1-1993/12, 1994/3-2016/12, 2017/3-2018/12
『25ans』(ハースト婦人画報社)	1989/1-1997/3, 5-7, 9-2016/12, 2017/3-2018/12
『LEE』(集英社)	1989/1-1995/6
『VERY』(光文社)	1995/7-2018/12
『婦人画報』(ハースト婦人画報社)	1989/1-2007/1, 5-2009/12, 2010/2-2018/12
『クロワッサン』(マガジンハウス)	1989/2/10-1997/8/25, 1997/10/10-2000/1/25, 2/25-2001/1/10, 2/10-4/25, 5/25-7/25, 8/25-2002/3/10, 4/10-2010/7/10, 8/10-2012/1/10, 2/10-3/10, 4/10-2013/1/25, 3/10, 6/10, 12/10, 2014/5/10, 2017/1/25-2018/12/25

ポーラ文化研究所　調査レポート
アンケートにみる過去10年間の現代女性の髪色観の変化　2001/11/15
「おしゃれ白書2003」にみる美容法・化粧品への関心・期待・安心感　2004/1/23
女性の化粧行動・意識に関する実態調査 スキンケア・メーク篇2011　2011/9/28
肌の老化実感と女性のエイジングケア意識　2011/9/28
化粧品情報収集とSNSの関連　2017/10/25
変化する10代後半の化粧行動　2018/12/14
日本と中国における20〜30代女性の美白意識　2019/2/7

株式会社ポーラ ニュースリリース
2012年から2018年にかけて「見た目のシミの状態」が良化傾向へ20代女性の"美白美人"がさらに増加　2019/2/1
女性の活躍が飛躍的に高まった平成時代25〜39歳女性の「肌のうるおい」も高まっていることを発見　2019/9/18

『化粧品マーケティング要覧』富士経済、2007-2019
『機能性化粧品マーケティング要覧』富士経済、1998-2019
『Cosmetics in Japan：日本の化粧品総覧』週刊粧業、1990,1993-1997,1999,2001-2004,2006-2020

※ 本書の編集にあたり、ポーラ文化研究所が収集してきた女性雑誌の中から、発行部数などの影響力の観点から、上記11誌を選び情報採取を行いました。
またアンケートデータについては、独自調査に加え、株式会社リサーチ・アンド・ディベロプメント実施調査「CORE®」を参照しています。
なお、平成の美容を記録するにあたり、当時の状況に即する表現を選択しています。
※ 本冊子に記載された商品・サービス名は各社の商標または登録商標です。

あ と が き

さまざまな美容の花が開いた平成の30年。そして「令和」へ。元号の由来となった『万葉集』には、「新春の
よき月、空気はこころよく風がやわらかくそよいでいる。梅は鏡の前の白粉のように白く咲いている」とあります。
白い梅の花を白粉にたとえており、古来から化粧が身近であったことにあらためて気づかされます(『化粧史
文献資料年表』より)。

化粧は、化粧品や化粧道具、テクニック、そして意味や役割を変化させながら、私たちの生活に常に寄り
添ってきました。この『平成美容開花』の編集中に起こったコロナ禍も、ビューティーにとって大きな転換点に
なっています。マスク着用でリップがつけられないならアイメークに凝ってみる、店頭でのタッチアップができな
いならオンラインカウンセリングで…。また、ノーメークの選択肢もあり、「おうち時間」でゆっくり行うスキンケアも
あり…。発想の転換で今の私にとって必要なビューティーを楽しみ続けようというアイディア、イノベーションが
次々生まれ、その変化のスピードは加速しています。一方、多様な視点が生まれることで、従来は賞賛された
美意識が一転、センシティブ、ネガティブな概念にと変化する可能性もあります。今後起こるであろうさまざまな
変化に対し、化粧文化の研究機関として誰よりも鋭敏でありたいと思っています。その変化を記録、検証し、
社会と共有していくことがポーラ文化研究所の変わらぬミッションだと考えています。

ポーラ文化研究所について

化粧からひろがる美しさの文化

ポーラ・オルビスグループは「本当の美しさは、内面の美や心の
豊かさを伴ってこそ初めて実現する」という考えのもと、文化活動に
長く取り組んでいます。ポーラ文化研究所は、化粧を美しさの文化
としてとらえ、学術的に探求することを目的として、昭和51年5月15
日に設立されました。以来、日本と西洋を中心に、古代から現代ま
での化粧文化に関わる資料の収集と調査研究を行い、ホームペー
ジやTwitter、Instagramなどを通じて情報発信しています。
ポーラ文化研究所は、化粧を"人が豊かに生きるための大切な
文化"として広く、深く研究し、その成果や文化資産を社会に公開す
ることで、化粧文化への理解を広げるよう努めています。

すべてポーラ文化研究所蔵

Twitter Instagram YouTube

@POLA_bunken @pola_cosmeticculture https://www.youtube.
com/c/polacosmeticcu
lture

※リンク先のアカウントは予告なく変更・削除される可能性があります

平成美容開花

平成から令和へ、美容の軌跡 30 年

2020年10月20日　初版発行

編著	ポーラ文化研究所
	西原妙子、富澤洋子、川上博子、小山祐美子、鈴森正幸
発行者	小西尚子
発行所	株式会社ポーラ・オルビスホールディングス
	ポーラ文化研究所
	〒141-0031　東京都品川区西五反田2-2-10　ポーラ第2五反田ビル1F
	TEL　03-3494-7250　/　FAX　03-3494-7294
	https://www.cosmetic-culture.po-holdings.co.jp/

写真	ポーラ商品　株式会社ポーラ
	メーク撮影　株式会社ポーラ（有馬梨紗、荻野和子、神山カリン舞、酒見桂子、中岡弘喜）
	株式会社ポーラ・オルビスホールディングス（尾関まりな）
	株式会社キンデル、飯田信雄（カメラ）、山田なおみ（ヘア）
	アフロ（クレジット表記のないもの全て）
	AP、ロイター、毎日新聞社、読売新聞、東洋経済、日刊現代、新華社／アフロ
	青木紘二、YUTAKA、森田直樹／アフロスポーツ
	株式会社アクラ　株式会社アベベネクスト　株式会社アマナイメージズ　株式会社アミューズ
	株式会社生島企画室　株式会社幻冬舎　株式会社光文社　株式会社集英社　株式会社主婦の友社
	株式会社小学館　株式会社スタジオジブリ　株式会社ソニー・ミュージックエンタテインメント
	株式会社W　株式会社東洋経済新報社　株式会社ハースト婦人画報社　株式会社フジテレビジョン
	株式会社ポニーキャニオン　株式会社三越伊勢丹ホールディングス　キングレコード株式会社
	ゲッティイメージズ ジャパン株式会社　日本アニメーション株式会社
	日本テレビ放送網株式会社　ユニバーサル ミュージック合同会社　有限会社ラ・ドンナ（50音順）

協力	株式会社リサーチ・アンド・ディベロプメント（R&D）

クリエイティブディレクター	森岩麻衣子（凸版印刷株式会社）
アートディレクター	藏野捺子（凸版印刷株式会社）
制作ディレクター	太田裕子（トッパングラフィックコミュニケーションズ）
デザイナー	吉田健太郎、向井由李、石黒菜保子（株式会社Bgm）
イラスト	pai
印刷・製本	凸版印刷株式会社

ISBN978-4-89478-011-8